我在大理石中
看到了被禁锢的天使，
只有一直雕刻，
才能将他释放。

——米开朗基罗

图书在版编目（CIP）数据

文艺复兴三杰 /［意］亚历山德罗·委佐齐主编；潘源文译. —北京：东方出版社，2015. 11

书名原文: michelangelo assoluto raffaello universale leonardo infinito

ISBN 978-7-5060-8806-0

Ⅰ. ①文… Ⅱ. ①亚… ②潘… Ⅲ. ①达·芬奇（1452 ~ 1519）—生平事迹 ②米开朗基罗，B.（1475 ~ 1564）—生平事迹 ③拉斐尔，S.（1483 ~ 1520）—生平事迹 Ⅳ. ①K835.465.72

中国版本图书馆CIP数据核字（2015）第288935号

文艺复兴三杰
（WENYIFUXING SANJIE）

主　　编：［意］亚历山德罗·委佐齐（Alessandro Vezzosi）
译　　者：潘源文
责任编辑：姚　恋　邓　翃
封面设计：几木艺创
出　　版：东方出版社
发　　行：人民东方出版传媒有限公司
地　　址：北京市东城区朝阳门内大街166号
邮政编码：100706
印　　刷：鸿博昊天科技有限公司
版　　次：2016年1月第1版
印　　次：2016年2月第2次印刷
开　　本：787毫米 × 1092毫米　1/16
印　　张：76
字　　数：990千字
书　　号：978-7-5060-8806-0
定　　价：368.00元
发行电话：（010）64258117　64258115　64258112

目　录

出版说明

Scripta Maneant出版社“文艺复兴巨人”系列，旨在通过对文艺复兴三杰的介绍，尽力展示意大利艺术最辉煌时期的面貌。在拉斐尔、达·芬奇之后，最后来到读者面前的，便是本书的米开朗基罗。

作为文艺复兴时期的巨匠，米开朗基罗的天才在雕塑、建筑、绘画中都有淋漓尽致的体现。他的作品昭示着文艺复兴与古代文化的关系，体现出造型艺术与诗歌、哲学的联系，启发了其后几百年，直至近现代的众多艺术形式。

这本画册几乎包含米开朗基罗的所有作品，其中有不少作品是首次面世，通过对作品背景与细节的深入解读，将米开朗基罗的艺术天才以一种严谨的方式展示给世人。

这种严谨的态度，正是我们在编纂这套丛书时须臾不敢忘的精神，它仿佛就是一束光，贯穿我们出版编辑工作的每个细节，而我们孜孜以求的，便是满足每一个渴望感受美、领悟美的灵魂。

最后，我愿意代表Scripta Maneant出版社，向所有为本书的出版付出心力的同仁与朋友表示感谢。我们拥有共同的梦想，也将以同样的热情去实现它。

费德里科·法拉利（Federico Ferrari）

Scripta Maneant出版社

原版序言

亚历山德罗·委佐齐（Alessandro Vezzosi）

告别了中世纪，欧洲从梦中醒来，迎来人的黎明。在人文主义者的推动下，整个欧洲都蔓延着对古代文化的重新发掘与研究，艺术家们如饥似渴地从故纸堆中寻找古希腊、发现古罗马，并从中汲取艺术的养分。这是一个注定要改变世界的年代，而意大利的佛罗伦萨有幸被历史选中，这个意大利中部的城市呼唤天才巨匠；而罗马，作为古代文明的发源，以典雅而宁静的理想化人体雕塑，吸引着时代最天才的头脑对古典文化的向往。从佛罗伦萨到罗马，伟大时代的最强音与落下的帷幕都来自一个孤独的背影——米开朗基罗。

终其一生，在其众多伟大的杰作中，米开朗基罗始终将大自然排除在自己艺术的殿堂之外，他的创作充满生动的人体形象，尤其是裸体的男子形象。当时的人文主义者认为，最好的艺术材料正是人体，人体蕴含着一切的美，诗人们只为人的热情歌唱，而雕塑家所创作的，自然也应该是从大理石中释放出的、在肌肉动作下隐藏着自我心灵的力量。从《大卫》到《摩西》，从《创世纪》到《末日审判》，米开朗基罗孜孜以求的，无不是通过人体的刻画，来探索通往艺术巅峰之路。上帝创造人类以前，创造了这个

西斯廷礼拜堂穹顶局部，先知以西结，梵蒂冈博物馆。

有形的物质世界，而在西斯廷穹顶壁画中，花草树木是没有地位的，上帝、人类占据了画面的中心位置。在穹顶的构架中，人体的线条纵横交错，众多具有雕塑美感的人体汇聚成了人的海洋，他们错落有致，在变化中仍然保持着统一的风格，营造出一种紧张而神圣的宗教气氛。在西斯廷礼拜堂中，米开朗基罗揭示了一个对中世纪来说具有深远意义的论题——除了人体之外，并不存在其他形式的美。这无疑是对文艺复兴“人的觉醒”最为深刻、直接的诠释。

然而在讴歌人的力量的同时，米开朗基罗又是宗教的。从他不同时期的三尊《圣母哀悼基督》风格的变迁来看，到了晚年的《隆达尼尼的圣母哀悼基督》，古典艺术的优美与典雅已经荡然无存，这尊未完成的作品传递出的是纯粹柏拉图式的内在理念，在大理石中蕴藏着的形象，就像是遭到囚禁的奴隶，而创作的过程，既是解放被困在岩石中的形象，更是实现被束缚在肉体内的不羁的灵魂。在晚年米开朗基罗看来，物质的肉体拖累了灵魂，使之无法与上帝结合，作为艺术家，美的根源不在物质上，而在上帝的神性中。与同时期的其他艺术家相比，没有人比他更清楚基督教悲观主义果子的滋味，他内心的痛苦是艺术上深邃的表现力的源泉，这种深度来自信仰，来自对艺术、对未知和灵魂等永恒命题的关注。

走近米开朗基罗

亚历山德罗·委佐齐（Alessandro Vezzosi）

天才人物一旦在创造了神话之后，便将神话本身的解读权慷慨地留给了后人，而这本身也构成其之所以伟大的原因之一。米开朗基罗与达·芬奇、拉斐尔并称为文艺复兴艺术三杰，他们代表了文艺复兴的高峰。达·芬奇的作品注重一种柔和的艺术氛围的营造，拉斐尔的作品有着均衡明快的节奏，而米开朗基罗的作品中则充溢着一种雄伟有力的气势。三人中米开朗基罗的寿命最长，在另外两人去世后，又活了半个世纪之久，成为当时在世的最伟大的艺术家，这也是他成为文艺复兴与样式主义两个艺术阶段之间的一座桥梁。

由于米开朗基罗的长寿，围绕着他的神话，在天才尚在人世的时候就已经开始。我们今天所读到的最早的米开朗基罗的传记，是乔尔乔·瓦萨里于1550年出版的《名人传》（*Le vite de' più eccellenti pittori, scultori e architettori*）。瓦萨里在书中的献辞中表示，"我可以坦言，之所以写就这本书，并不是为自己博得作家的美名，而是希望作为一名艺术家，通过赞美那些伟大的艺术家的辛勤劳动，唤起世人对他们的怀念。因为各门艺术通过他们的创作获得了新的生命，无情的岁月与死神不应当将他们的艺术生命吞没"。18年后，即1568年，瓦萨里出版了第二版《名人传》，在第二版中，他进行了许多修改。那么，为什么瓦萨里的两版《名人传》之间竟然相隔了18年呢？在第二版《米开朗基罗传》中，作者本人作出了解释。原来，在第一版出版后，他将书给米开朗基罗过目，米开朗基罗高兴地接受了作品，并回赠了一首十四行诗以志感谢。但是，事实上，艺术家本人对书中对自己的描述并不满意。于是也就有了康第维（Ascanio Condivi）那一版的《米开朗基罗传》。作为米开朗基罗的学生，康第维得以在老师的指点下直接进行创作，这一版本的传记最终在1553年8月面世。康第维版本的传记内容更加权威，细节也更为详实，文笔也较瓦萨里的版本更加优美。

康第维版本的传记问世后，瓦萨里自然感到了一种无形的压力，第二版《名人传》也开始构思和酝酿。自第一版《名人传》出版后，瓦萨里得到教皇赏识，于1550年到1553年间被聘为教皇的艺术顾问，这就为他与米开朗基罗的深入交往提供了便利，这期间，他又获得了许多珍贵的第一手资料。一番锱铢积累、苦心孤诣之后，瓦萨里终于在第一版《名人传》面世18年后，再次向世界颂扬了这位天才艺术家不世出的才华。

由于具有较高的可信度，我们借由康第维的文字与瓦萨里的评价，走近米开朗基罗——雕塑家、画家、诗人。

文艺复兴巨擘

克劳迪奥·斯特里纳迪（Claudio Strinati）

抛开文艺复兴，艺术史是残缺的；而撇开米开朗基罗，文艺复兴也是不完整的。这是一本充满雄心的画册。你不仅将看到关于这位艺术巨人令世人称叹的作品，还将透过一系列深入而详尽的文字，最终走近这位传奇的艺术家。这不仅是一部从艺术评论的专业角度来看充满抱负的画册，更是一本后人对伟大的前人感情充沛的敬礼。翻开这部画册，读者将感受到的不仅是学术上的严谨，更会体察到一种艺术批评的态度与条分缕析的学究之间平衡的美感。面对艺术史上如米开朗基罗这般的艺术家，这种平衡缺一不可。

米开朗基罗的艺术成就自有艺术家本人留下的作品说话，后人的任何赞美实则已经无法令其增色。他在艺术史上留下的身影如巍巍高山一般巨大，这种伟岸的身姿不仅是其雕塑作品的体魄，更是其作品所传达的艺术价值以及在艺术史上深远的影响。

（左页）**圣彼得大教堂穹顶椴木模型**，胶画，约500厘米×400厘米×200厘米，现藏于梵蒂冈圣母升天大厅。

译者序

传说米开朗基罗在完成不朽的《摩西》后，曾敲打先知，让他开口说话。当囚禁在大理石中的灵魂得到释放，它首先蛊惑的，竟然是自己的解放者，诚然——美的发掘者并不掌控美，而是甘为美的奴隶，当米开朗基罗创作教皇陵寝的奴隶群像时，他也许会同意后人的看法，他所创作的，正是自己，他从石料中解放的，也正是自己的灵魂本身。

米开朗基罗是雕刻家，是画家、建筑家，还是才华横溢的诗人。他的艺术是文艺复兴的最高潮，同时也是文艺复兴时代结束的标志，在他长达四分之三个世纪的创作生涯中，在造型艺术的各个方面都为同时代人以及后人留下了难以逾越的丰碑。作为一个彻底的人文主义者，在他的雕塑作品中，从大理石中被解放的人体具有超乎物质世界的表现力，人体造型承载着自然世界的多样性和感情世界的丰富性——人，而不是神，成为其作品中始终贯穿的主题。

意大利 Scripta Maneant 出版社在艺术出版中享有盛誉，邀请多名文艺复兴史专家对米开朗基罗的艺术生涯进行介绍与点评，玛丽娜·马德伊(Marina Mattei)、加布里埃·摩罗里(Gabriele Morolli)、拉伯·哈特菲尔德(Rab Hatfield)、亚德里亚诺·马里纳佐(Adriano Marinazzo)、卢奇拉·巴尔德斯奇·裘莉克(Lucilla Bardeschi Ciulich)分别从古典主义、建筑哲学、西斯廷穹顶壁画以及米开朗基罗的诗歌创作等方面对其艺术风格、美学思想进行了回顾，全书以奥莱里奥·阿门多拉(Aurelio Amendola)的大量优美清晰的图片——其中不乏首次与中国读者见面的作品图片——最为直观地带领读者进行了艺术之旅，尽可能还原了这位文艺复兴天才的创作生涯。

艺术的魅力是不朽的，在每一个时代都有无数天才的头脑，止步并沉浸于文艺复兴的辉煌中，在米开朗基罗巍巍高山般的作品前觉知自己的渺小——伟大作品存在的意义，不能仅止于让后人感到惶恐与羞愧，但若除此之外，我们中也有人心生与米开朗基罗一样的理想，尝试打破大理石般物质世界的束缚，有此一念，作品的伟大便有了今天的意义。

导读——文艺复兴巨人

卡罗·佩德雷蒂（Carlo Pedretti）　克劳迪奥·斯特里纳迪（Clandio Strinati）

米开朗基罗与达·芬奇同为文艺复兴时期全能型的天才艺术家。

在绘画领域，与达·芬奇一样，米开朗基罗同样经由人体解剖，掌握了人体复杂而美妙的形体美；他的创作完成了从中世纪以象征的方式表现观念，到以独特的艺术形式来传达共同的美感和最高的真实的转换。在美学思想上，他的美学观已经与文艺复兴早期的前辈有很大不同。在他看来，高贵的艺术并非源自世间，而应该来自上帝的馈赠，优美的绘画应当是上帝完美创造的反映，作品应该模仿上帝的完美创造，进行生动的描绘——就人体塑造上。米开朗基罗认为，男性的人体是按照上帝的形象进行塑造的，这是最高的灵与肉的美。由此他进一步指出，不仅一切的美都源自上帝，艺术家本身的创造天赋也是得自神赐的，“上天有一把神锤，他既将万物雕凿为美的，也将自身加工得更加完美。没有这把神锤，任何锤子就不能再制造其他锤子，而一把有生命的锤子正在制造着所有其他的锤子。在世上茕茕孑立的我，正是一把锤子，倘若神的作坊不把我锻造好，那么，我那尚未完善的本质，也就万劫不复了”。这些有些拗口的诗句表明，米开朗基罗眼中的艺术美的本源是上帝，而艺术创作是否成功，则取决于艺术家对上帝所造的理想的美的天赋与悟性。

在雕塑创作中，他上承古典主义，同时又有所创新与突破，他的雕塑作品不是简单的形象塑造，而是在古典主义的基础之上，表现人物内心的强劲生命力与思想的深度。他多年来被历任教皇驱使，合同朝三暮四地改动甚至撤销，艺术成为权力的奴婢，而自己身边更包围着各种谗言小人，为此，品行孤傲的米开朗基罗想必深感痛苦。这种痛苦随之成为了他创作张力的源泉，没有生命的石头在他的眼里成为自己锻造、挑战的客体，要在不断的敲击与雕琢中，释放遭到囚禁的生命力。在他看来，艺术就是自我表现，而艺术作品就是内在人格的外化。他的雕塑作品《大卫》、《摩西》、奴隶群像以及美第奇陵墓中的雕塑，无不展示出这种审美观，这些雕塑同《神创造亚当》《神创造日月星辰》一样，肌肉强劲、筋骨线条贲张，如瓦萨里所言，充满着生杀一切神的精灵，带来了一切生命的力量。

从这个意义上说，米开朗基罗的美学源自人本主义，却同时对人本主义进行了超越，他关心的不仅仅是如何塑造富有表现力的人体，还注重通过人体显现复杂而矛盾的精神世界。达·芬奇为了完善自己的绘画技艺，通过精确的数学，借由神圣的比例进行创作，而米开朗基罗则更加依赖心灵中的美感进行构思，在他一生中的所有作品里，没有两个人物形象的动作是重复的，他的艺术风格是统一的，却找不到任何规范、僵化的模式。在这些千差万别的形象中，这位巨匠传递出共通的美的体验，而这种体验，将随着时间的流逝，不断在将来的世代中得到更新，正如在过去的几百年中，无数爱慕美与自由的人，在他的作品里发现的超出想象的灵感与愉悦。

米开朗基罗·博纳洛蒂(Michelangelo Buonarroti),祖上是卡诺萨伯爵。1475年3月6日,这个家族迎来一个新生儿。孩子的父亲名叫路德维科·迪·莱奥纳多·博纳洛蒂·西蒙内(Lodovico di Leonardo Buonarroti Simone),他是个保守而虔诚的好人,当时在卡森迪诺的丘西(Chiusi)和卡普雷塞(Caprese)任高级长官。在结束了从政生涯后,其父举家迁回到佛罗伦萨——这是这个城市的幸运,尽管后来长时间受雇于罗马的教皇,但米开朗基罗还是要求在自己死后葬在佛罗伦萨。

举家定居在佛罗伦萨后,父亲将米开朗基罗带到附近一个名叫塞迪尼亚诺(Settignano)的镇子,交由一个奶妈抚养。这个奶妈是一个雕刻工匠的女儿,她的丈夫同样也是一个工匠,因此米开朗基罗曾半认真半开玩笑地告诉弟子,他的奶妈的乳汁有强大的能量,能改变体格,并产生一种新的、与天生的习性完全不同的才能。

米开朗基罗长到少年时,他的父亲注意到了儿子身上特殊的艺术天赋,他将儿子送到人文主义学者弗朗切斯科(Francesco da Urbino)的学校学习文法。尽管在文学学习中年少的米开朗基罗获益良多,但由于上帝的旨意和出于天性的推动,他还是更加专注在绘画上。无论何时,只要一有空,他便会抑制不住地想要画画。其中,一位名叫弗朗切斯科·格拉纳齐(Francesco Granacci)的艺术家与他交往甚密。这位艺术家是吉兰达约的学生,他觉察到了米开朗基罗对艺术的热爱,决定要帮助他实现自己的艺术理想。他不仅为好学的米开朗基罗提供图样,还带他去结识艺术家,开拓他的眼界。艺术上的进步促使米开朗基罗最终放弃了文学,这使得他的父亲十分不满,他认为家中有人从事艺术会使家族蒙羞,甚至对自己的孩子拳脚相向,严加责罚。不过,父亲的责骂并不能使米开朗基罗回心转意,相反,他更加坚定了自己从事艺术创作的决心。

13岁那年,米开朗基罗进入吉兰达约的画室学习。康第维的传记中称——这也许是来自米开朗基罗本人的意思,“米开朗基罗多次向吉兰达约借书,却遭到了拒绝。吉兰达约是一个有些嫉妒心理的艺术家,他不仅对米开朗基罗有些无礼,就连看到自己的弟子在艺术上有些成就的时候,也将其送到了法国。吉兰达约的儿子曾认为米开朗基罗的天才均来自其父的教学,事实上,吉兰达约在艺术上并没有给他任何帮助”。

在吉兰达约的画室待了一年后,米开朗基罗进入了雕塑家贝托尔多的学校进行学习。尽管只有一年的时间,他也并不承认吉兰达约对自己的影响,但米开朗基罗师从吉兰达约的这一年还是为他将来的艺术发展奠定了扎实的基础。雕塑家贝托尔多和维罗奇奥同是多纳太罗的弟子,他的雕塑学校的赞助人正是佛罗伦萨的洛伦佐·德·美第奇。在学习雕塑期间,米开朗基罗得以结识了许多围绕在洛伦佐身边的艺术家,在与他们的交往中不断受到启发。一次,他以洛伦佐收藏的古代雕塑作模型,短短时间内就进行了复制,创作了牧神的头像,因此才很快得到了洛伦佐的赏识。洛伦佐将初露锋芒的天才请到自己的宫中,与自己的孩子同吃同住。

在这一时期,米开朗基罗将自己与绘画划清了界限,从此他再也没有把绘画视为自己的职业——当然,尽管这不是他的本意,绘画仍然使他获得了不朽的名声——他更愿意称自己是一名雕塑家,在多年后开始西斯廷穹顶的创作时,他留下了这样的自述:"1508年5月10日,我,雕塑家米开朗基罗,开始了西斯廷礼拜堂穹顶壁画的创作。"

米开朗基罗所留下的最早的雕塑作品,也许是《梯边圣母》(第31页),这是天才少年非凡创造技巧的最早展示。圣母玛利亚怀抱圣子耶稣侧身坐在楼梯旁,这种粗朴的形象在当时并不常见,圣母形象优雅,姿态庄重沉静,颇具古典主义的风范,整个画面显得十分神圣而肃穆。米开朗基罗喜欢以男性的身体来塑造女性形象的特点在《梯边圣母》中已经初现端倪——圣母的身材高大,颇具男性阳刚的气魄,而耶稣则是一个婴孩的形象,他正在吮吸母亲的乳汁,倚在楼梯上的天使则刻画得相对简陋,如在楼梯上嬉戏奔跑的顽童。

1492年前后,米开朗基罗应洛伦佐的委托,创作了《半人马之战》(第30页)。这件作品是一组群雕,古希腊雕塑中的裸体在米开朗基罗的刻刀下复活了,他的雕刻手法圆润细腻,其中可以看到《卡西那之战》《创世纪》《末日审判》的影子。故事取材于古希腊的神话传说,刻画了人类与半人半马的怪物们混战在一起的战斗场景,洋溢着力与美,同时也是早期动态裸体人像的杰作,这个时期的米开朗基罗已经能够娴熟地把握强力运动的人体表现。

1497年,米开朗基罗为罗马的雅各布·加里(Jacobo Galli)制作了《酒神巴克斯》(《微醺的酒神》)大理石雕(第29页)。在他的刻刀下,酒神略显醉态,是一个身材魁梧、体态匀称的青年形象,浑身上下洋溢着旺盛的青春活力。米开朗基罗独具匠心,将酒神的刘海刻画成葡萄的卷须,为其戴上了葡萄叶果的桂冠。酒神右手端着葡萄酒,一手拿着象征着新生命的狐狸毛皮。他的身后站着一个半人半马的少年,正急切地想把酒神手中葡萄送入口中,他脚下的马蹄,象征了他的变形过程。整个雕塑的人物充满原始的野性,肌肉紧绷,其完美的裸体和醉态显然突破了机械平衡的简单构图。瓦萨里认为,"米开朗基罗的《酒神巴克斯》将两性完美结合,将青年人的苗条精悍与女性的丰腴结合得恰到好处"。

1498年,《酒神巴克斯》之后不久,应红衣主教拉格诺拉斯之请,米开朗基罗创作了他人生中第一尊《圣母哀悼基督》(第64—65页)。米开朗基罗完成这一作品时,仅仅二十出头,世人不相信这是出自一个年轻雕塑家之手,为了打消人们的疑虑,米开朗基罗首次将自己的名字刻在了圣母像胸前的衣带上。

耶稣被犹太总督彼拉多抓住,被罗马士兵钉死在十字架上,圣母玛利亚抚尸痛哭。这一题材的雕塑最大的难题在于,如果追求比例的真实,那么基督的体型应至少和圣母一致，若如此，则难以体现圣母丧子之痛。此外，按照常规，这一作品主要应表现圣母在哀悼圣子时的崇高与伟大，圣母的形象往往被处理成一位年迈衰颓的母亲。

米开朗基罗采用了简洁的三角形构图，以坐姿将母子结合在一起，圣母安坐着，分开的双腿支在地上，形成稳固而坚实的根基，横仰于母亲膝上的耶稣与玛利亚笔直的躯干形成一个十字形，圣母的形象庄严、崇高，流露出宁静沉着的感情，她的左手伸开，包含着沉思、悲痛的困惑与疑问。死去的耶稣似乎还没有咽气，他安静地躺在母亲的膝上，似乎只是睡熟了一般。圣母的身体虽然纤弱，但却充满了力量，耶稣健壮而沉重的身躯并没有将她的腰压弯。

在米开朗基罗的刻刀下，圣母玛利亚呈现少妇的形象，看上去比她的实际年纪要小很多。康第维在传记中表示，米开朗基罗曾与他们谈论过这一点，他称："你们难道不知道吗？这个纯洁干净的女人保持着观者的新鲜感远比那些不洁的女人要长久得多。对于圣母来说，即使有最小的不道德的欲望，也会伤害到形象，这种看法并不十分过分吧？我要向你们指出，圣母如此年轻美貌也并不是难以置信的，除了自然的保养外，她应该也受到天赐神力的眷顾，并以此向世人证明母亲的贞洁与永久的纯洁。对圣子而言，这一点难道是多余的吗？不，恰恰相反！既然这是一尊展示上帝之子的作品，就像我所展示的那样，人子有着人类的身体，有着和普通人一样的责任与义务，我们何必隐藏神身上的人性呢？相反，我们应当将其置于一个最为自然的状态中，展示其当时的确切年龄。因此，不用怀疑，我制作了一个神圣的母亲，与她的儿子相比，她比本该呈现的年纪要年轻一些，而我给她的儿子的，则是真实的年龄。"

事实上，秀丽的圣母形象，丝毫没有减损丧子的哀恸。米开朗基罗正是通过圣母挺直的躯干和手势，与死者身上的重量形成对比，凸显了一种隐忍的、包含宗教情怀的母亲形象。虽然圣母的脸上并没有眼泪，也看不出明显的扭曲，甚至没有皱痕，基督的身上也没有血或者伤口，他的躯体甚至带着几分倦怠，但这并不影响这对圣母子传递出来的悲痛的气息。她的美是直觉的，而她的哀则是本质的。作品将这一情感进行了升华，观者感受到的远不仅仅是母亲的伤痛，而是人类对基督之殇的无比沉痛之情，米开朗基罗寄托了自己对宗教改革者萨沃纳洛拉的哀思，后者正是他心中的基督形象，而悲哀的圣母形象，正象征着当时的意大利。

母亲哀悼儿子，这本是极为沉痛的题材，而圣母对圣子的哀恸，又被米开朗基罗以一种高贵、严肃的形象来进行表达，正是新柏拉图主义的灵与肉的关系的体现。肉体的死亡虽然带来了哀伤的情感，但是却同时带来了灵魂的自由与解脱。圣母与圣子的灵魂在作品中都显然摆脱了肉体的束缚，对米开朗基罗来说，基督并没有死，而是睡着了。

1503年，米开朗基罗接受佛罗伦萨人

安杰罗·多尼的委托，绘制了一幅家庭装饰画《圣家庭》(第33页)。这幅作品是为了庆祝多尼家族与银行家斯特罗奇家族的联姻而创作的(因此亦被称为“多尼圆形画”，Tondo Doni)。这幅圆形油画直径120厘米，表现的是圣母玛利亚、圣约瑟与圣子耶稣的家庭。在米开朗基罗的笔下，宗教形象已经彻底民间化了，他们不再是头顶光环的神圣形象，而是一个普通的木匠家庭，圣约瑟、圣母玛利亚与耶稣在一块野地上休憩，三人组成了一幅普通家庭的户外图景，完全沉浸在天伦之乐中。

圣母玛利亚席地而坐，跪坐的双膝和向后仰的肩背加强了前后人物的空间感，她的上身挺直，正转过身接过在肩头上的孩子。她的动作充满动感，而圣约瑟在玛利亚身后，略高一些，他有力的双手抱着耶稣，目光焦虑而不失慈祥。两人之间的互动也许是为了强调委托人的姓氏——在意大利语中，Doni意味着礼物。

圣婴的身体和头发如水晶一般透亮，面部严肃地嘟着小嘴，一双小手紧紧地抓着母亲的头发。这一对父子的位置与圣母的姿势一并增加了画面的层次感。在《圣家庭》，所有元素都是经过精心设计与安排的：圣母与圣约瑟象征着旧秩序，圣子则代表充满光明的新世界，三人背后横向切割画面的矮石墙，是童贞女玛利亚的处女身份的暗示，矮墙隔开了背景中的裸体人物与圣家庭，一种说法是，这些裸体人物象征了多尼妻子的斯特罗奇家族三日月形的家族徽章，也有人认为他们象征着基督教之前的蒙昧世界。

这幅圆形镶嵌画完满和谐，画面以金字塔结构进行构图，紧凑和谐，刻画极为优美，体现了米开朗基罗早期绘画作品温馨、明快的风格，质感如雕塑一般，人物身上巨大、清晰的衣褶几乎不像是画上的，而是以刻刀雕塑而成，清晰的边缘因为色彩的比照而更为鲜明而强化。

《圣家庭》体现了米开朗基罗对人体美的深刻理解。人物强健有力的线条，是米开朗基罗以雕塑指导绘画的创作思路的精妙体现。玛利亚的手臂裸露，结实干练，如古希腊半神的女英雄。在画面背景中的裸体青年再次显示出米开朗基罗对肌体运动变化的迷恋。在米开朗基罗眼里，人体是美的最好的表现形式。

1504年，在完成《圣母哀悼基督》后，米开朗基罗因为家事，回到了佛罗伦萨，在那里，他停留了一段时间，并完成了《大卫》的创作(第46—48页)。整尊雕塑高四米多，是由一块完整的大理石雕刻而成的，这一充满爱国热情的雕塑完成之后，立刻在佛罗伦萨引起轰动。这是米开朗基罗的成名作，直到今天还是每一个学习绘画、雕塑艺术的人必须临摹的教材，瓦萨里称：“它超越了任何古代或现代的作品，那些珍藏在罗马的珍宝——从观景楼的《尼罗河》《台伯河》，到蒙特卡瓦罗的《巨人》都无法与之媲美。大卫的整个形态超凡脱俗，肢体与躯干的线条完美连接，其中腿部的线条轮廓尤为精美。从来没有一个雕像的姿

态如此完美。”

根据康第维的描述，这块大理石先前被一位粗心的雕塑家在35年前用过，随后被弃置多年，才遇见了米开朗基罗。由于其先天不足，不得不采取单腿承重的姿势，也有人认为，单腿承重的大型雕塑技巧难度极高，米开朗基罗之所以选择这一方式呈现大卫的英姿，正是为了展示其与众不同的非凡技艺。

根据《旧约》的记载：年轻的大卫有一次去前线为兄弟们送饭，遇到了巨人歌利亚，在危急时刻，年轻的大卫杀死了歌利亚，拯救了以色列。这个雕像展示了一个健壮的青年，他肌肉发达，身躯遒劲有力，体格匀称，充满自信地站立着。他表情刚毅，目光炯炯有神，微低着头，侧目怒视前方，表现了大卫即将投入战斗那一刹那的紧张神情，体内似乎积蓄了随时喷薄而出的力量。

从传统意义上说，大卫的形象本应是个牧童少年。多纳泰罗和维罗奇奥都曾经塑造过大卫的形象。多纳泰罗的大卫是一个漂亮而有些疲惫的少年，这是今天已知的自古代以来第一尊真人大小的裸体铜雕像。英雄呈现出少年的纤秀，他头戴一顶象征胜利的桂树枝帽子，脚踏高达膝盖的长靴，手握宝剑，拿着投石器插腰而立，脚踩在歌利亚的首级上。多纳泰罗所侧重表现的，是少年的机智、勇敢与灵活，表现了战胜敌人之后的喜悦与轻松。

然而米开朗基罗却将其塑造成一个巨人，一个无畏的青年形象。与前人表现战斗结束后的情形不同，米开朗基罗在这里表现的是人物产生激情之前的瞬间。他没有塑造大卫的胜利，也没有根据习惯让大卫拿着一把剑，在这个战斗前的片刻，米开朗基罗的大卫体现了一个最完美的战斗者形象。雕像挺拔矗立，没有任何明显的动作，然而躯体本身表现出的某种紧张的情绪，使观者产生静中有动的感觉。所有人类英雄的力量，似乎都在这一刻酝酿爆发。

1504年，全欧洲的艺术家都将目光投向了佛罗伦萨。米开朗基罗与达·芬奇之间展开了一场艺术的较量。在这一年，佛罗伦萨的议会大厅落成，掌旗官索德里尼决定用两幅描绘战争场景的巨型壁画进行装饰，达·芬奇受邀创作了《安吉里之战》，而米开朗基罗则选择了《卡西那之战》。与达·芬奇在《安吉里之战》中表现的人与马的战争激烈场面不同，米开朗基罗选取了战争的号角即将吹响的紧张场面。

《卡西那之战》取材于14世纪佛罗伦萨与比萨之间的战争，四百余名佛罗伦萨士兵刚在卡西那的阿诺河洗过澡，这时突然遭到敌人的突袭，士兵纷纷上岸，惊慌失措投入战斗状态。

这场艺术的盛宴最终以巨大的遗憾收场，达·芬奇和米开朗基罗都没有完成各自的作品。今天能看到的《卡西那之战》，是桑

（左页）**梦**，约1533年，黑色铅笔素描，39.8厘米×28厘米，伦敦科尔陶德美术馆。画面中完美而强健的男子形象被认为是人类精神的象征，而作品中传递的象征精神的善与身体的恶之间的冲突与斗争，则是米开朗基罗毕生关注的命题。

加罗的临摹作品。尽管如此,我们还是可以看到,桑加罗向后人还原了米开朗基罗笔下充满动感的裸体人物形象,画面中的人物身体互相层叠,异常壮观,瓦萨里曾赞叹道,“这简直是来自天上的,而非凡人可为”。

《圣母哀悼基督》和《大卫》以及应邀前往佛罗伦萨绘制《卡西那之战》,都使得米开朗基罗的声望如日中天。1503年,尤里乌斯二世继任教皇,1505年,他将米开朗基罗迎往罗马,为其修建身后长眠之地。就在他到达罗马的第二年,古希腊最伟大的群雕《拉奥孔》(第38页)在罗马城郊出土。在米开朗基罗的建议下,教皇购下了这件稀世珍宝,并将其安放在梵蒂冈。

接受教皇委托的米开朗基罗信心十足,雄心万丈,决意要将这伟大的工程建成自己艺术不朽的丰碑。根据瓦萨里的描述,“他的设计充分证明了自己的才华,无论从外观的优美、规模的宏大,还是从装饰的奢华或雕像的数量以及艺术的表现力来看,它都超过了任何一座教皇或帝王的陵墓”。正当其大展身手之时——据康第维的描述,布拉曼特从中作梗,他想方设法将米开朗基罗逐出罗马城,毁掉他的事业为其带来的荣耀与利益——这一工程被尤里乌斯二世叫停;其后又几经波折, 1513年,在尤里乌斯二世去世后,教皇的遗嘱执行人要求米开朗基罗继续陵墓的修建。而到了1515年,新的教皇利奥十世将米开朗基罗调离这一工作。1521年利奥十世去世后,米开朗基罗又开始了陵墓的修建,期间又数次被打断,直到1542年8月,米开朗基罗将酬劳的一部分交给学生,才最终以交付一部分作品的结果完成了这个被他称为“耗费了所有青春”的作品。这是艺术史上巨大的损失和遗憾,今天我们看到的,只不过是他的艺术雄心与才华的一个缩影。然而,今天陵墓上所雕刻的雕像,也已经足以说明这位天才的雄心与才华,尤其是奴隶群雕,无不渗透着米开朗基罗多年的抑郁、愤懑与屈辱。他相信,这项工程本可以成为其展示其艺术最高境界的机会,然而教皇身边的小人却出于嫉妒和自私的心机,指责他滥用赞助人的金钱,并欺骗了教皇,贪污了大笔金钱。身受这种中伤与毁谤,米开朗基罗感到愤怒,那种心愿难为的愤懑不平,在垂死的奴隶和被束缚的奴隶群像中,似乎得到了释放。

从今天存世的陵墓的草图可知,米开朗基罗最初设计的坟墓地基四周都以方形柱围绕,每根柱上都以捆缚着的裸体人像为装饰,全部雕像加起来至少应有40尊。陵墓的整体设计呈现出基督教世界的秩序感,最高一层原本应为两名在末日审判时引领尤里乌斯二世直接从坟墓飞升的天使;中间那层留给预言者和圣徒;最底下那层献给亡者。只是在尤里乌斯死后,才改造成了今天我们看到的面貌。

按照米开朗基罗的预想,奴隶雕塑的数量应该在20个上下,一个个放置在胜利者群雕像壁龛两侧的方形壁柱上——根据康第维的说法,奴隶们象征着由于教皇的逝世而成为死囚徒的各类艺术。也有人指出，如此安排应有更深的用意，这些奴隶应被视为一种道德譬喻，他们实际上就是不悔改的人类，其灵魂遭到了束缚。

《奴隶阿特拉斯》是一尊未完成的雕塑作品(第55页)，它体现了米开朗基罗雕塑的步骤与阶段。与古希腊雕塑家一样，米开朗基罗的雕塑也是从石材的正面开始，然后逐步勾勒出脑海中想象的主题部分。他从不围绕雕像的四周进行雕刻，而是随着创作的进行，人体的形状逐渐浮现，正如在阿特拉斯中体现的那样，尽管是未完成作品，略显粗糙，但人物的形成已经呼之欲出。

《垂死的奴隶》(第50页)，充满着成熟的魅力，这是一个容貌健美、比例匀称的青年，他的左手枕在脑后，右手轻轻抚在胸前，全身的肌肉放松。他的表情安详，甚至略带微笑，尽管在死亡边缘，他仍然在试图挣脱胸前的绷带，由于全身发力，他的双腿紧贴，四肢与躯干之间没有任何空隙，这种完整的形象塑造恰好印证了米开朗基罗说过的一句话，“只有从高山上直接滚下来丝毫没有损坏的作品才是好作品”。在这个完美的、即将进入长眠的青年躯体身后左腿弯曲的空档处，伸出一个粗粗创作的猩猩的脸，似乎正是奴隶的属性的一种暗示。在柏拉图主义看来，猩猩这种动物的举动比任何动物都更加接近人类，又由于其缺乏理性，所以以他来象征人身上所有非理性的品质，因而由猩猩所暗示的所有奴隶雕像便是人性中动物性的体现。表示

佚名（曾被认为是尼古拉斯·贝阿特里的作品），根据米开朗基罗的**梦**所作雕塑，40.6厘米×29.9厘米，佛罗伦萨乌菲齐美术馆。

（上图）弗朗切斯科·乌尔比尼，**花饰陶器盘**，约1530—1537年，直径23.3厘米，牛津大学阿什莫尔博物馆。
（下图）**男子头部**，约1515年，私人收藏，也被认为是达·芬奇的作品。

低等灵魂的猩猩实则正是被捆绑的奴隶，他们被拴在象征物质的方形壁柱上，正是被物欲俘获的人类灵魂。那么，与之相对应的，放在壁龛里的胜利者群像就代表理性对动物性的胜利。这么一来，陵墓就不仅仅是教皇个人事功的纪念，而成为人类理性的象征。

1516年，米开朗基罗完成了尤里乌斯二世陵寝的中心装饰部分——《摩西坐像》。在最初的设计中，米开朗基罗本来是要把摩西和保罗做成占有支配地位的两尊坐像，置于陵墓建筑的中间的第二层，在柏拉图主义看来，这两位圣人经常被归为一类，以表示通过完美的综合智慧行为而在现世获得不朽精神的人的最高境界，当然这个计划最后落空了，保罗的塑像根本就没有开始。也正因为如此，摩西的坐像也许更适合仰视，而非今天的平视角度。

摩西双眼怒目而视，双臂青筋暴露，肌肉凸起，右手有力地护卫着十诫，注视着前方，根据《圣经·出埃及记》的记载，摩西作为古代以色列人的领袖，也是一名先知。他本来是一个弃婴，后来被法老的女儿发现，在法老的宫中成长。他长大后，得到神启，带领以色列同胞反抗埃及的暴政，分开红海的海水，带领同胞逃出埃及。相传，在途中，上帝在荆棘丛中呼唤摩西，他的兄弟亚伦见兄长迟迟不归，便让以色列妇女捐出自己的金饰，铸成一尊金牛，供人民膜拜。摩西得知此事，愤怒不已，将兄弟和其他崇拜金牛的人悉数杀死。

米开朗基罗的《摩西坐像》,所表现的瞬间,便是取材于此。

完成的《摩西坐像》中,米开朗基罗不只是刻画了他作为立法者和政治家的气度,还同时突出了他作为思想家和梦想的神学气质。瓦萨里对此有详细的描述,“他端坐着,庄严肃穆,一臂靠在十诫板上,一手紧握石板,一手捋胡须,长须卷曲,头发在大理石上雕刻得如此精致、柔软、轻飘,一丝不乱,真叫人相信他的凿子变成了一支笔。更不必提摩西的面部是多么的精美,那具有一个真正的圣徒和令人敬畏的君主所具备的一切气质”。米开朗基罗有意夸大了摩西的胡须,他的胡须长及腹部,一方面是其君主权威的象征,另

但以理的梦,约1545年,德鲁达·达·米开朗基罗的花饰陶器作品,直径29.2厘米,底特律艺术学院。

一方面，摩西一手捋着长须，胡须的转折与动态传达出摩西内心的激愤情绪。换言之，摩西既是一个民族领袖，同时也是一个先知。康第维将这个雕像描述为表现出沉思者的态度，他的面容充满圣灵的荣光。根据《圣经》的记载，摩西在立法的时候已经年逾八十，而在米开朗基罗的《摩西坐像》中，我们看到的是一个壮年的男子形象，他的头发威严地竖立，头上的两只角象征着权力、威严与刚毅。

1508年，尤里乌斯二世命米开朗基罗中断其正在进行的墓建工程，将其召回梵蒂冈，由此开始了梵蒂冈西斯廷礼拜堂穹顶壁画的创作。米开朗基罗极不情愿地接受这一工作，先前他不断向教皇推荐拉斐尔，声称自己是个雕塑家，绘画非其所长，只是这样决绝的拒绝却让教皇更加坚持，他想通过在三角穹庐上绘制想象中的十二使徒，来完善其装饰。这一组被称为“阿喀琉斯之盾”的宏伟巨制，是文艺复兴时期最为庞大的绘画，也成就了米开朗基罗在艺术史上不朽的成就。康第维在传记中如此描述，“米开朗基罗不拘泥于人物本身，不拘泥于宗教的情节，而是着重表现人的本质力量，着重凸显英雄人物复杂的内心世界。拉斐尔在看到这幅巨大的穹顶画时，慨叹称米开朗基罗是用上帝一样杰出的天赋在创造这个世界”。

穹顶画的尺寸是14米×38.5米，总面积539平方米。在天花板的斗拱处，分出了四个三角形的区域，以左右两面墙壁的八扇窗户顶端的拱形槽为底边，亦分出了八个三角形，它们所表现的是希伯来史传和耶稣的先祖的故事，置于整个穹顶壁画的底部。窗户上方有阴影笼罩，等待着理性带来的光明，无灵感的人们不能通过自己的努力找到上帝，他们中许多人被每天的生活所同化。这些景象代表着堕落于世俗生活的人类。在这些三角形彼此之间所形成的十二块空间又组成一组壁画，所绘制的是古代先知的形象。他们处于中间层，介于人类与上帝之间，具有神明的知识，担任了人类与上帝之间的调解人。先知和女巫代表的是一种神性的灵感凝视，接受理性的光辉，再传送给处于底层的人类。拱顶中央则是壁画的主体部分——《创世纪》(第175页)。

《创世纪》的题材源自《旧约·创世纪》中的前九章，壁画也就以此为主线，由九幅图组成。其中，《上帝分开光明与黑暗》《上帝分开水陆》《上帝创造夏娃》《诺亚的献祭》《诺亚的醉酒》这五幅较小些，另外四幅较大的画作分别为《上帝创造日月》《上帝创造亚当》《逐出伊甸园》以及《大洪水》，这几幅作品被置于对拱弧之间。九幅图按照主题划分又可分为三组，第一组为《上帝创造宇宙》，第二组为《上帝创造人类》，第三组为《上帝的惩罚》，九幅画中的前五幅均以上帝的形象为中心构图。

周围的建筑框的壁龛上的十二位男女先知，分别是先知约拿、耶米利、但以理、以西结、以赛亚、约珥、撒迦利亚以及来自利比亚、波斯、德尔菲的女先知，这些人物形象性格明朗，激情高涨，显示出一种大气磅礴的创作胸怀。以西结的神秘而狂热，衬托着约珥的全神贯注，年轻的但以理精力饱满，神态引人入胜。先知耶米利是穹顶中最为凄凉的形象，他沉浸在异常悲哀的沉思中。在壁柱和饰带分隔的左右八个三角形中，米开朗基罗绘上了基督的祖先的故事，四角的大三角上是礼拜铜蛇、大卫杀死歌利亚、哈曼的磔刑与朱提斯杀荷罗芬尼斯这四个旧约故事。每幅主题画的周围绘有二十个各种姿态的裸体男人像，起着装饰画面的作用。虽然由于建筑梁柱的分割形成了许多大小不一的独立画面，然而，令人惊异的是，整幅巨画有着完整的统一性。

米开朗基罗没有按照时间顺序进行描述，而是倒着描绘《创世纪》的故事。在教堂的入口处，他首先以《大洪水》和《诺亚的醉酒》开始，表现堕落的人类的脆弱，然后再绘制上帝开天辟地、创造世界的过程，直至走向祭坛的末端的最后场景——这一叙事情节的安排表现了灵魂的净化，堕落的人类经过解脱和灵魂的净化，返回到了创造者的面前。在十二个先知与预言者的沉默注视下，人类演绎着自己的苦难历程。这一切又都是通过包含着不同寻常力量的人体来表达的，他笔下的上帝慈祥而威严，裸体男子雄伟而圣洁，从中可以看出米开朗基罗的纯熟技巧与高超的人体塑造能力。整个创世纪布局宏大，色调强烈，显示出米开朗基罗对体感、量感与质感三种效果的驾驭能力，他以自身处境与周边环境的和解最终让西斯廷穹顶与《创世纪》融合在一起。在创作过程中，他将自己封闭在教堂内，拒绝外界的探视，从脚手架的设计、题材的安排、草图的构思一直到上色，他事必躬亲，亲力亲为，天天仰卧在十米多高的脚手架上；当他最后走下脚手架的时候，眼睛已经毁坏，事后，他连读信也要把信纸放在头顶上方，长期高仰脖子的艰苦作业，使他的脖子已经歪了，据说他四年没有脱靴子，最后脱下来的时候连皮带肉一起撕了下来。他曾经写过一首诗，描述工作的艰辛，这也是他唯一的一篇描述工作的诗：

我总这么仰着脖子，似乎得了大脖子病，
就像那些到伦巴底的猫，
喝多了腐臭的河水，
我的下巴牵引着肚子，没个正常的模样，
我的胡子向着天，我的头颅弯曲向着肩，胸部如一只贪婪的枭，
画笔上滴下的颜料在我的脸上形成拜占庭的镶嵌地板，
我的肚子和大腿紧紧纠缠，多谢上帝，
我还能挪动屁股作身体的重心，
我的腰缩向腹部的位置，臀部变成秤星，
压平我全身的重量，我再也看不清楚了，
走路摸索，踉踉跄跄。
我的皮肉在前身拉长，在后背缩短，仿佛是一张弓。
请不要见怪，我一开口便是胡言乱语，
来吧，煽动我的自尊，

我可怜的绘画！须知我不是干这一行的！

他们把谁叫作画家？我？

不不不！他们找错人了！

300年后的歌德曾表示，没有到过西斯廷礼拜堂的人，无法了解一个人所能做的事。

整个穹顶壁画中最早完成的形象就是女先知德尔菲(第201页)。她也被认为是穹顶画中最美的女性形象。德尔菲是希腊阿波罗神庙的女祭司，她被认为是太阳神阿波罗的使者。原先是古代异教徒的女祭司，后来变成了基督徒，基督教也将其视为上帝神谕的传达者。画面中的德尔菲，安坐在巨大的玉石宝座上，左手拿着神谕的预言，预告着基督的诞生。她睁着美丽的双眼，头戴灰蓝色的头巾，上面还缀着银色的亮光。她的头发随后飘扬，带有金色的褐色，在冷色系的背景衬托下显得十分显眼。她的眼神并未在神谕上停留，而是扭头注视着远方。她用力向后伸出左腕的姿势，让人联想到《圣家庭》中的圣母。她的两臂在方向的对比上占据了三度空间的变化，整个形象从头到脚共有五处转折。而这些复杂的流线的变化，又是通过右方披肩和左方的神谕的弧线所连接的圆形包围起来，构成了不可分割的整体，完成了画面的高度统一。在她的身上，女性的纯真与男性的雄伟浑为和谐的整体。

另一名女先知利比亚(第199页)的身形同样极其优美，体现了米开朗基罗天生雕塑家的一面。人物动态由上至下呈现一个大的S形，身体还右转了90度，双手高举，其透视相当难画，但是在米开朗基罗的笔下，这一切都被处理得非常自然和动人。18世纪的保罗·荷加斯在他的《美的分析》中，通过不同的线条的对比，得出了曲线比直线美，而曲线中，又以S形最美的结论。他认为，女性身上的线条多为S形的曲线，因此人们在观察的时候，目光似乎是从一个波浪滑向另一个波浪，心理上因此会升起一种愉悦感。

《大洪水》中的构图分为一系列单独的群体，并呈曲线状分布，在单调的铅灰色背景的衬托下，这些人群显示出一种浮雕的效果，表现出人类绝望和受到上天惩罚的戏剧性场面是通过那些迷途罪人的姿态和表情展现出来的，他们有的互相扶持，有的则在为苟延性命而奋力挣扎和逃亡。画面的远处是尚未完全沉没的山顶，一群难民在其上避难，挤在一顶帐篷下，人们的神态各异，有的伸出双手，试图帮助同类。画面的左边是一位孤独的老人，他正抱着伙伴，步履艰难，画面的右下方还有一个人正在水里挣扎，他还想要爬上山壁求生，而山顶上方的人似乎正在呼喊求助。画面的前景是在高地获得安全的人们，他们的身后，诺亚方舟正在沉没。

根据《旧约》的记载，在离开方舟之后，诺亚为耶和华造了一座祭坛，以各种洁净的牲畜、飞鸟作为燔祭，耶和华在闻到献祭的香

（右页）**酒神巴克斯**，佛罗伦萨巴杰罗美术馆。

（本页）**半人马之战**，佛罗伦萨米开朗基罗故居博物馆。

（右页）**梯边圣母**，佛罗伦萨米开朗基罗故居博物馆。

味后，决意不再用洪水摧毁世界，并在天空中制造了一道彩虹，作为保证："我把虹放在云彩中，这就可作为我与地立约的记号了，我使云彩盖地的时候，必有虹现于云彩中，我便记念我与你们和各样有血肉的活物所立的约，水就不再泛滥，毁坏一切有血肉的物了。虹必现于云彩中，我看见，就必记念我与各样有血肉的活物所立的永约。"画中祭坛后的诺亚，身穿红袍，胡须发白，神情虔敬，他的食指朝上，代表了自己对耶和华的崇敬与忠诚，他正指挥众人杀羊为上帝献祭，他是洪水后唯一持真正信仰的义人(第185页)。

根据《圣经》的记载，诺亚一共活了950岁，他在500岁的时候生了三个儿子，分别叫闪、含和雅弗。在上帝发洪水毁灭世界后，从方舟里出来的诺亚做了农夫，建起一个葡萄园，在葡萄收获后酿酒。一日，诺亚喝了酒，赤裸着身子醉在园子里，含看见后，连忙告诉自己的兄弟，于是，闪和雅弗赶忙拿了件衣服搭在肩上，倒退着进去，为父亲盖上，因为是背对着父亲，所以也就看不见父亲的裸体。诺亚醒来后，知道儿子们所做的事情，便诅咒含的儿子迦南成为闪和雅弗的奴隶。在《诺亚的醉酒》中，米开朗基罗还原了这一场景，诺亚正倒地睡着，两兄弟正在为父亲穿衣，而含则在兄弟的身后站立，指着父亲的裸体发出议论(第185页)。

（左页）
（上图）**石棺上采葡萄的女子**，罗马隆迪尼尼收藏。
（下图）**女神忒耳斯**，局部，罗马和平祭坛博物馆。

（本页）
圣家庭，板上蛋彩画，佛罗伦萨乌菲齐美术馆。

在《上帝分开光明与黑暗》中，上帝的身体占据了整个画面的中心位置，他的脸朝下，面对下面的海水，双手前伸，以大而有力的双手推开沉沉黑暗，光明如浓稠的岩浆一般从黑暗的岩石中艰难地喷涌而出，如熊熊烈火翻滚着浓烟搅绕着天空。上帝的臂膀以势不可当之势显出了神性的威力，裹在上帝身上的披风如同鼓足了风的帆在空中飘扬，天使在边上牵着他的衣褶，整个画面集中表现了造物主磅礴的气概(第178页)。

在《上帝创造日月》中，上帝以两种姿势在画面中出现，画面右边，上帝以飞行的姿势坚定果敢地挥舞双臂，右手向前指着刚刚造出来的太阳，左手向后指着刚创造出来的月亮，双眉紧锁，目光如炬，表情严峻，如同在指挥一场大战。他的头发和胡须被风卷起，身体下方迎风飘展的装饰烘托出上帝创造日月那一瞬间无穷的威力与美感。刚诞生的太阳和月亮的光辉在上帝面前似乎也失去了光线，只有小天使们在为日月被创造而欢欣鼓舞。画面左边，造物主背对观者，正围绕着太阳飞转。这两个形象既是分开的，又是联系的，而造物主的威严形象使人感到无限的权威(第180—181页)。

在脚手架上日复一日的屈身仰视，米开朗基罗集中了所有的注意力，同时，他的灵感舒展，手中的画笔在一天天慢慢缩小着一块块距离，逐渐将穹顶的面积一点点填满。创作的不同阶段风格从越来越简化的构图与形式可以看得出来。米开朗基罗明显是照顾到了观者受到距离限制，他突出了主体的形象并且强调了活动的节奏。西斯廷穹顶画中最重要的作品无疑是第二阶段的作品《上帝创造亚当》。体魄丰满、背景简约的形式处理，静动相对、神人相顾的两组造型，一与多、灵与肉的视觉呼应，创世的情结在这一时刻集中体现。亚当慵倦地斜卧在一个山坡下，他似是刚刚睡醒，但是无力起身，他的右腿伸展，左腿自然歪曲，他的神情悲哀中透着一丝渴望和顺从，无力地微俯，左臂倚在左膝上伸向上帝，随时准备站起来。由于“明暗法”的娴熟运用，亚当的形象仿佛雕塑一般，显得饱满有力，瓦萨里称，“亚当呈现出来的美，是仪态上的，也是轮廓上的，这种美不像出自凡人的画笔和构思，而是直接源自造物主至高无上的创造力”。(第182—183页)

顺着亚当的目光看去，上帝飞腾而来，他没有任何神秘的色彩，而是一位现实生活中的巨人形象。在《创世纪》中的上帝形象与文本中的上帝已经有了很大的差别，他不再仅仅是全知全能、冷峻的主父形象，而是一个有血有肉的形象。米开朗基罗借上帝创世的故事，表达了一种人文主义的思想——他歌颂的是人，人的伟大，人的力量，人的创造，上帝被视为一个下降到人间的英雄形象。在整个创世纪中，对于米开朗基罗，光的创造似乎并不重要，重点在于人，人的创造。

《上帝创造亚当》中，上帝留着灰色的胡

（右页）**半人马之战**，局部，佛罗伦萨米开朗基罗故居博物馆。

须与花白的头发，侧面展现出强有力的面容。他的左臂围着几名天使，个个双眼直视前方，他们的目光与上帝一致，加强了画面的方向感，同时，上帝的右手并未有衣服包裹，他正伸出右手，食指即将碰触到亚当的左手——这一上帝的形象是从未有过的尝试，是一种相当激进的表现手法。正是这两只手，象征了整个创世纪的开端。画面的焦点是人与神指头的接触，它并不在画面的正中央，而是稍稍偏左，这一静止的瞬间让人感觉到无限的动感，似乎亚当随时就要站起身来，而他一旦站起来，他那健硕的身材便会迸发出无穷无尽的力量。

在《上帝创造夏娃》中，亚当正靠在树上昏睡，他身后的女性正俯身向上帝吁请，那便是由他的肋骨造的夏娃。上帝的目光充满坚定的慈爱，似乎是在鼓励新生的夏娃。人类的女性始祖身躯如男性一般，她背后的树干被认为是十字架的象征。整幅画作人物体魄丰满，背景形式简约，动静相对(第184页)。

《逐出伊甸园》实际上包含了两个故事，其一为人类的原罪，其二为上帝的惩罚。盘

（上图）马腾·范·希姆斯科（Maarten van Heemskerck），**加里（Galli）的花园以及园中酒神的塑像**，柏林铜版画陈列馆 。

（右页）**酒神巴克斯**，局部，佛罗伦萨巴杰罗美术馆。

踞在智慧树上的蛇将画面一分为二，蛇被描绘为一个半身为女人、半身为蛇神的形象，她阴险而狡诈，伸出挂满禁果的树枝，正在引诱着树下向她张望的夏娃，而亚当则已经站起身来，似乎已经经受不住诱惑，要伸手去够树上的果实。两人的表情十分平静，丝毫没有犯罪的紧张感和罪恶感。在树的右边，天使挥舞着宝剑，正在将人类的始祖逐出乐园。在这里，亚当面带痛苦，双手反推，夏娃则躲在自己丈夫的左侧，头部蜷缩，眉头紧锁。在这里，人类始祖的形象如雕塑一般呈现在观画人的面前，二者的形象雄伟充满张力，同时在四肢的扭曲和互相平衡中，体现了画面情节的紧张感(第184页)。

1512年11月1日，这幅瑰丽的巨制终于面世，他为"雕塑家米开朗基罗"带来了不朽的名声，将他的绘画天才发挥得淋漓尽致。这一年他37岁，人们称他为"神圣的米开朗基罗"。

1524—1534年，米开朗基罗完成了洛伦佐・美第奇和朱力亚诺・美第奇陵墓的修建。这是美第奇家族陵墓的大型雕塑之一，象征着光阴的流逝，也代表了时间控制下的生与死。这是米开朗基罗雕塑艺术生涯中具有转折意义的作品，成为以后样式主义雕塑的先驱，也是他承担的最后一批大型雕塑。

和教皇陵寝一样，在设计和建造美第奇礼拜堂的美第奇陵墓时，米开朗基罗不断地进行修改，现在的样子与他预想的样子应该已经有很大不同，昼夜本来是要放在平面物上，而不是像现在这样在弧线物上摆放，而且，它们似乎甚至根本就不是为这座陵墓而设计的。放置在朱力亚诺雕像前的神龛过于狭窄，根本就不适合放置如此大的雕像。最后完成的面貌从整体规模到细节的处理上都大大简略了，完成后与米开朗基罗最初宏大的计划根本无法同日而语，在实际创作中它一缩再缩，不过好在米开朗基罗的创作思路还是完整地得以体现，在整体上表现了米开朗基罗的创作思路，达到了视觉上的统一性。

整座纪念物的垂直线和水平线交相辉映，他们那修长而边线锋利的形式，增强了雕刻的圆转立体感和分量，而由三座雕塑所形成的稳定的二角形恰如其分地被编织在垂直线和平行线的网络之中，有效地牵引住了昼夜两个雕塑有些下滑的力。

在美第奇墓室的建筑结构之上，米开朗基罗放置了洛伦佐・美第奇的塑像，在像下他安置了象征《晨》(第139—141页)与《暮》的两尊人像(第137页)；在朱力亚诺・德・美第奇的塑像下，是《昼》(第146—147页)与《夜》(第148—149页)。

《晨》与《暮》由一男一女组成，他们以一种很不稳定的姿势躺在墓棺的圆弧形石顶上，构成了一个稳固的三角形，整个画面达到了一种更为平衡、统一的观感，并通过这种力的牵引，米开朗基罗传递了肉体与灵魂的挣扎。

《晨》是一尊女性裸体像。这是一个成熟丰满的女性形象，体态婀娜多姿。她半躺着，似乎还没有从昏睡中完全醒来，只是懒懒

(左页) **拉奥孔**，罗马梵蒂冈博物馆。

地把头靠在肩上，仿佛还沉浸在梦境之中，充满弹性的肌肉虽然处于睡态，但却充满勃勃生机。

《夜》同样是一尊女性雕塑，同时是四尊雕像中最富有诗意的。她比《晨》更有深意，意味着白日固然对生命来说是美好的，但是黑夜对命运悲惨的人来说，更是一种深沉的抚慰。她是一个身材健硕、充满力量的女性，她的头深深地垂在胸前，脸上带着悲哀的痕迹，她的双眼似是闭着的，似乎陷入了对未来不眠不休的想象。她的脚下的猫头鹰象征着黑暗，在她的身边有一个可怕的面具，象征着噩梦缠身。

乔万尼·巴蒂斯塔·斯特罗奇在看到这尊塑像后，写下了这样的诗句：

夜，
为你所看到的妩媚的、沉睡着的夜，
这是一块受天使点化的有生命的石头，
她睡着，
但她身上燃烧着生命的火焰，
她将会与你对话，一旦你将她从眠中唤醒。

米开朗基罗对此有一首答诗：

睡眠是甜蜜的，
成为顽石更加幸福。
只要世上还有罪恶与耻辱，
不见不闻，
这就是我最大的快乐。
因此，轻声些！不要惊醒我！

《昼》是一个男子形象，他身材魁梧，肌肉发达，右手在身后支撑身体，双腿交叉，双目圆睁，注视着前方。他是一个未完成的作品，半张脸被胡子遮住，似乎刚从梦中被惊醒。

米开朗基罗将人体沐浴在阴影之中，肌肉的转折因此更加强烈，增加了作品的抑郁、悲哀的情感。他的背部弯折，如紧张的弓，那强有力的线条，在上方光线的衬托下益发鲜明、激烈。这是一个充满力量却又不甘心的形象，他斜卧的身姿隐含着动力，如困兽犹斗一般。米开朗基罗通过身姿的扭曲，体现了自己心中的痛苦与挣扎。

朱力亚诺·德·美第奇手持权杖，身着古代的铠甲，胸前的肌肉裸露，腿上绑着古希腊战士的绷带，表现了他刚毅勇猛的英姿。值得一提的是，米开朗基罗在这里放弃了朱力亚诺的实际长相，而是将其塑造成一个理想化的英雄形象，据说，他曾经这么表示，“一千年以后，没有人还想知道这个美第奇家族的人长什么样子”。(第143页)

这座纪念碑最为引人入胜的特征就是没有任何的个人特征——这座陵墓没有碑文，《昼》与《夜》两个寓意性的人像横躺在石棺的圆弧顶上，这座纪念物的意义，米开朗基罗为后人留下了一个谜。

（右页）**西斯廷礼拜堂穹顶**，创世纪局部，罗马梵蒂冈博物馆。

河神，复制品，佛罗伦萨米开朗基罗故居博物馆。

1532年左右，米开朗基罗开始创作被罗曼·罗兰誉为他“全部生涯的象征”的作品——《胜利之神》(第153—157页)。这组雕塑同样描述了大卫战胜歌利亚的情节，不过与《大卫》不同的是，《胜利之神》描绘的是英雄胜利后的场景——他战胜了巨人，膝盖踞曲在巨人的背上。他的面容英俊，神情英武骄傲，右手上举，握住肩上的投石机，头扭向右前方，嘴唇紧闭，透出一股坚毅沉静的神色。在这里，米开朗基罗以大卫战胜歌利亚，形象地表现了英雄的战无不胜，但从大卫略带犹豫的姿态来看，他更同时传递了英雄的痛苦——在战胜敌人后，自己失去了战斗的动力，成为了被胜利征服的失败者。

许多艺术史家判定在创作《胜利之神》的时候，米开朗基罗有着强烈的同性恋倾向。就在这期间，他结识了托马索·卡瓦列里，他在英俊年轻的托马索身上找到了自己心中艺术的理想化身，这种对青年男子的激情显然与自己的宗教相冲突——由此出发，有人推测，《胜利之神》中的大卫，就是托马索，而跪地战败的歌利亚，胡须满面，身子蜷曲，恐怕就是内心充满矛盾与挣扎的米开朗基罗本人了。

1534年，在教皇保罗三世的压力之下，米开朗基罗妥协了，他再次中断了尤里乌斯二世教皇陵寝的修建工程，开始了人生中另外一幅巨型壁画的绘制——《末日审判》(第217页)。这幅作品覆盖了原先由拉斐尔的老

牧神（？），巴黎卢浮宫绘画与印刷品收藏室。

（左页）**宙斯**，罗马，罗马卡比托利欧博物馆新宫。
（本页）**马尔弗利奥**（Marforio），被认为可能是海神，罗马新宫卡皮托里尼博物馆。

（第46—48页）**大卫**，佛罗伦萨美术学院。

赫拉克利斯，罗马卡比托利欧博物馆。

师佩鲁吉诺所作的几幅壁画，从佩鲁吉诺的传世作品《基督交付天国的钥匙》来看，这也许也是艺术史上令人扼腕叹息的一件事情。

在创作《末日审判》时，米开朗基罗已经年逾60，教皇保罗三世希望创作一幅宣扬末日报应的作品，以维持社会的安定与人心的虔诚，他要求米开朗基罗要在作品中表现人人都在末日来临时接受基督再临的审判的场景。让他没想到的是，这一作品竟然花了六年的时间才最终完成。

这是一幅大气磅礴的构图。在米开朗基罗之前的中世纪同类作品中，《末日审判》通常画在教堂入口处的墙上，包括复活者在内的所有人物都按照他们的社会地位穿着打扮，基督、圣母、传教士都被授予相应的级别。然而，米开朗基罗没有采用中世纪同类题材的处理方式，他还原了但丁《神曲》中的世界图景——没有层次的中断，没有宝座，没有等级徽章，甚至没有衣服——末日意味着人类悲剧的总崩溃，这些人物有的有名有姓，在米开朗基罗的笔下，全部都采用裸体形象来直面上帝。基督处在画面的中央，他的右手举过头顶，他的手势仿佛一种力量，凝固了这个动态的瞬间，他的正下方有一个小舟，里面有七名天使，他们受到了上帝

（左图）**垂死的奴隶**，巴黎卢浮宫。
（右页）**反抗的奴隶**，巴黎卢浮宫。

的差遣，驾云来到地狱，吹起号角，将所有的灵魂都召来接受审判。

作品由上至下，分为四层，第一层：在上方的两个半圆形区域中，无翼天使们正在拥抱着基督受难时的刑具，十字架、石柱、藤条、长梯等；第二层是壁画的主体，画面根据《新约》的马太福音的记载："世界末日来临时，人子将乘彩云随众天神而来，要将聚在他面前的万民分开，如同牧人将绵羊和山羊分开：绵羊是善人，在右边，山羊是恶人，在左边。恶人要进入永罚，善人则要进入天国。"作品中，基督的动作不再是重申救赎的理论，而是强调惩罚的信条。基督处于画面的中心，他被刻画成健壮结实的阿波罗形象，他如雷神一般高举右臂判罪，左手指向自己躯体上被钉十字架时受枪刺的创伤，欢迎那些要接受祝福进入天堂的人。在他的周围既有为真理而献身的圣徒，也有丧尽天良的人间败类。基督的左面是圣母玛利亚和圣彼得的胞弟安德烈，安德烈手扶十字架，暗示他是被倒钉十字架而受刑。基督右面的白胡子老头便是圣彼得，他的身后棕色须发的便是圣保罗。

经过基督的审判，所有人分别升入天堂和堕入地狱，这一动态过程体现了基督无上的威严。第三层中间几个天使正在吹号，召唤死者们从墓穴中出来，接受末日的审判。康第维在传记中如此描述，"听到了号角的声音，地上的墓穴打开了，死人复活，他们有着

（左图）**年轻的囚徒**，高256厘米，佛罗伦萨美术学院。
（右页）**蓄胡须的奴隶**，高267厘米，佛罗伦萨美术学院。

苏醒的奴隶，高267厘米，佛罗伦萨美术学院。

奴隶阿特拉斯，总高为277厘米，佛罗伦萨美术学院。

不同而且令人惊异的姿态，有的刚刚长上骨头，有的身上才长了一半的肉，还有的全身已经恢复成死前的样子，其中一个全身裸露，另外一个身上遮盖着他们带入坟墓的衣服。其中还有一些人看上去还没有完全苏醒，他们仰头看着天空，似乎还在怀疑主是否真的在召唤他们。米开朗基罗完美地展现了拼命挣扎想要从土里出来的人，他们有的身子从土里冒出来一半，伸手希望也要上天堂，有的已经完全从土里爬出来，开始上浮，他们的姿势和表情各异”。

画中如恶魔般的守卫正在把判罪者运往地狱，他是希腊神话中的船夫卡戎，负责从冥河中超度亡灵到阴曹。他正挥舞着手中的船桨，将罪孽深重的人驱赶下船。右下方那位长着一双驴耳朵的，是地狱的判官米诺斯。根据康第维的描述，这两个人物形象正是来自但丁的《地狱篇》，事实上，迈诺斯的脸据说是比照教皇保罗三世的司礼长切塞纳的脸画的。《末日审判》被认为是人体解剖学的百科全书。他对人体解剖学有着极其精深的研究，为此他曾经亲自解剖了数十具人体，对人体的肌肉、骨骼进行了详细的研究，并因此还严重影响了自己的食欲。画面中，耶稣的右下方坐着的老人，手中拿着一张人皮，人皮上的脸，便是米开朗基罗本人的面貌，他的五官因为痛苦而扭曲，整张剥下来的人皮象征着灵魂摆脱肉体的束缚，清晰地反映出画家的敬畏情绪和罪恶感。这种表现手法已经与理想的感官美相去甚远，更多传递的是一种精神的象征，形体模糊了，乃至消弭了，为了表达对上帝的爱慕与敬畏，最后只剩下了松弛的、软弱的、人皮化的表象。在一首献给自己的爱人维多利亚·科隆那的诗中，他这么写道：

我的灵魂啊！你卑贱而苍白，
你为何总是自找苦吃？
我这老皮囊也萎缩磨损。
什么时候我才能脱下这皮囊，
让天国接受你，重回那原初的快乐与光明，
不再为现在负荷的肉体而苦闷！
尽管我的皮囊与头发已经改变，
前面留给我的光阴也所剩无几，
却无法改变行为的习惯，
在逝去的岁月里它钳制着我，
爱神哪！我发誓，
我羡慕那死去的恶人，我的灵魂在肉体的纠缠的恐怖中生活，
像个呆子般惊慌失措。
上帝，当最后的时光飞逝，
你仁慈的双臂伸展，将我从既往中解脱，
造就我成为你所盼望的。

这面200平方米的墙上，共创作了近400

（左页）**被绑架的加尼米德**（Ratto di Ganimede），剑桥大学佛格艺术博物馆。

个真人大小的裸体群像，米开朗基罗以一种旋风般的力量将整个空间凝结在一起，为了解决从下面仰望画中人物的特殊角度造成的人物比例不协调的观感，米开朗基罗特地将上面的人物画得大些，底部的人物画得小些。观者在观摩这幅作品的时候，视线会自觉以基督为视觉中心，画面左右对称，均衡和谐，以水平线和垂直线交叉的复杂结构处理作品宏大的构图，随着位置的升高，人群愈加密集，与此形成鲜明对比的是，左侧升入天堂和右侧走向毁灭的画面中突出的纵向运动，同时，一种周而复始将上升与堕落以及左右着所有人活动的基督这一中心人物联接在一起。

瓦萨里在《名人传》中这么描述《末日审判》，"这一崇高的绘画应当成为我们这个时代艺术的楷模，神圣的天意将其赐给我们这个世代，它表明上帝将其智慧以何等慷慨的气魄分给了我们中最幸运的那些人。即使是最杰出的画家在凝视这些大胆的轮廓和绝妙的透视技巧的时候，也不免会因此震惊而发抖"。

1541年10月31日，这幅作品第一次在世人面前展现，任何第一次直接面对它的人，都会被它宏大的气魄所震撼，被一种宇宙感所充满。瓦萨里称，"全罗马，不，应该说整个世界都在赞叹声中迎接这幅杰作的诞生"。据说，保罗三世在第一次看到这幅作品的时候，惊愕莫名，不由自主地跪了下来，祈求上帝在末日审判时对自己开恩怜悯。

伟大的作品往往并不为时代所容，伴随着赞美声而来的，还有恶言中伤，有人声称画中大部分人衣不遮体，甚至一丝不挂，是对神圣宗教的亵渎，面对这样的抨击，米开朗基罗只是淡淡地表示："画作的修改很简单，只是，这个世界要首先变成一个适宜的地方，在那之后，作品自然会跟进自己的修改的。"在他看来，裸体的人体造型最适合表达对神灵与命运的敬畏之情，单纯的面部表情、人体姿势与肌肉运动已经足够，衣饰只是多余的添加。不仅是衣饰，他还忽略了天使的翅膀，将他们画得与神相似，目的在于担心他们妨碍完美人体的表现。在他的有生之年，作品保持了原样，而在他身后，教皇庇护四世下令将所有的裸体人物画上腰饰，受命的画家也因此得到了"内裤制造商"的谑称。

1542年，米开朗基罗为教皇保罗三世在其私人礼拜堂绘制了两幅壁画，《圣保罗的归宗》(第240—241页)与《圣彼得的磔刑》(第243页)。这两幅圣经故事在构图处理上仍然是人物众多的场景展示，表现的焦点仍然在归宗和殉难事件最敏感的瞬间——保罗从马上跌倒；人们将圣彼得在十字架上竖起来。从米开朗基罗的绘画作品的风格形成和创作走向中可以看出画家一生中晚年的内心世界愈加深沉的宗教思想。

根据《圣经》的记载，扫罗原本是基督教徒的迫害者。他往见大祭司，要求发给致大马士革犹太会堂的文件，准许他前往捉拿基

（右页）**《末日审判》中之基督**，局部，罗马梵蒂冈博物馆。

（左页）**《末日审判》中的“死人的复活”**，罗马梵蒂冈博物馆。

（上图）**为隆迪尼尼所作的布鲁图斯**（Bruto Rondinini），1786年5月所作，亚历山德罗·莫凯迪（Alessandro Mocchetti）版画。
（第62页）**布鲁图斯**，佛罗伦萨巴杰罗美术馆。
（第63页）**成年的布鲁图斯**，罗马，美术学院宫，罗马卡比托利欧博物馆。

圣母哀悼基督，局部，罗马，梵蒂冈圣彼得大教堂。

被认为是米开朗基罗的作品，**卡比多里奥广场**
（Campidoglio）**全景**，牛津大学基督堂学院。

元老宫，正面，局部，罗马。

督徒。在前往大马士革的路上，有一道光向他显现，一个声音对他说："扫罗，扫罗！为什么迫害我！"他惊怖之余问道："你是谁？"那个声音回答他，"我就是你所迫害的耶稣，起来，进城里去，有人会把你该做的事情告诉你"。扫罗从地上爬起来，睁开眼睛，什么都看不到，同行的人便将他带入大马士革城。在大马士革有一个叫亚拿尼亚的门徒得到主的指示，让他去帮一个叫扫罗的人恢复视觉。在亚拿尼亚治愈扫罗之后，扫罗便一心归宗，四处宣扬福音。

在《圣保罗的归宗》中，米开朗基罗所表现的焦点集中在最敏感的瞬间——从马上跌落的瞬间，基督神情威严，身后有强光，而圣保罗则是一个长着花白胡须的老者形象，他被基督显现时的强光刺伤了眼睛，正无助地伏在地上，反衬出基督不可冒犯的权威。

《圣彼得的磔刑》是米开朗基罗最后的画作，内容同样取材于《圣经》。对于艺术家而言，如何将倒立的人像画得气宇轩昂，无疑是个难以攻克的问题。不过，米开朗基罗以十字架尚未搭起的瞬间场面，巧妙地解决了这个难题。圣彼得是画面中唯一裸露躯体的人物，他身躯硕大，构成了画面天然的中心。圣彼得的双眼仿佛凝视着观者，面部表情复杂，充满责难与坚毅的神情。其他人物则宛如无情的巨轮，尽数围绕在他的周围，面露惊讶惶恐的神情。在画面下方那位站立的老人，面容悲伤，身形壮硕，长久以来被认为是米开朗基罗的自画像。

1550年前后，米开朗基罗已经步入古稀之年。他开始了另一尊《圣母哀悼基督》的创作〔《班迪尼的圣母哀悼基督》(第167—168页)，因为藏于佛罗伦萨的圣母百花大教堂，又被称为《佛罗伦萨的圣母哀悼基督》〕。这尊塑像原本要放置在他的墓地，由四个人像组成：基督、圣母、尼哥底母以及抹大拉的玛利亚。在这尊《佛罗伦萨的圣母哀悼基督》中，基督刚刚从十字架上放下，倒在圣母的臂膀里，圣母用尽力气，但出于难以忍受的悲伤，她已经不能独立支撑耶稣的身体，另有两个人协助玛利亚扶着基督。在以往的雕塑作品中，哀悼基督一般只有圣母和基督两个人物，而在这里，米开朗基罗将主题进行了延展，那个戴着头巾的尼哥底母扶着基督，他的地位俨然在圣母之上，占据了更重要的位置——而这张留着胡子的老人的脸，正是米开朗基罗按照自己的形象进行刻画的。

米开朗基罗的最后一尊哀悼基督雕塑像——《隆达尼尼的圣母哀悼基督》(第170页)，只有基督和圣母两个形象。圣子显得很虚弱，勉强站立着，玛利亚在他的身后支撑着自己的儿子。人物相互支持，几乎合二为一。这尊雕塑没有优美均衡的结构或是光泽的外表，就连人物造型也是高度概括的。直到生命的最后时刻，米开朗基罗都还在对其进行修改。罗马的《圣母哀悼基督》与最后一尊哀悼基督在风格上千差万别。在青年时期的

（右页）**马可·奥勒留**，罗马，卡比多里奥广场（Campidoglio）。

AVGVSTINVS TRINCIVS IACOBVS BVCCA BELLA
CAESAR DE MAGISTRIS CONSERVATORES CVR

（左上图）斯代法诺·杜佩雷（Stefano Duperac）作品，**卡比多里奥广场**（Campidoglio）正面。
（右上图）**瓦莱的院落**，安东尼奥·拉弗雷利（Antonio Lafreri），1550年，罗马，兰奇亚尼（Lanciani）收藏。

（下图）**保守宫**，罗马。Aurelio Amendola版权所有。

作品中，米开朗基罗明显更注重和谐完满之美，优美高贵的躯干是物质与灵魂的高度统一的凝结，而在《隆达尼尼的圣母哀悼基督》中，饱经风霜的雕塑家已经将目光投向了更浓厚的象征主义手法，更加追求精神上的神圣境界，那羸弱的躯体传递出的是满眼的哀伤，沉重的躯体成为了负担，成为了高尚的灵魂的累赘。从这件半成品中我们已经可以感到灵魂从短暂的肉体中冲破的那种动力。

米开朗基罗的雕刻浑然一体，有着一种由内向外不受束缚的力量。在他看来，人像本来就存在于石头之中，他所作的，只不过是将其从自然界中解放出来。终其一生，他都以雕塑家自居，并认为雕塑是绘画的指导者。他所有的作品都表示着冲突、斗争，而这种形式所表达的一种激烈冲突，是一种相互永远制约着的抗衡。他以旋转、夸张与变形来表达人体内在的各种力量，这些又被一种稳固而强有力的力量指导，从而使雕像拥有最打动人、完整和圆满的突出点，而不像样式主义雕塑那样成为各个视角观看的圆雕。

灵魂在物质里挣扎，雕刻的过程就是灵魂从顽石中得到自由的过程。灵魂受到物质(肉体)的束缚，两者的冲突使雕塑充满生命活力。我们在感受这种内在力量的同时，发现米开朗基罗的雕塑被这种灵肉关系所束缚着，与其说是灵魂受到物质的束缚，不如说雕刻的物质被灵魂束缚着。雕刻要表现灵肉关系。

米开朗基罗早年歌颂灵魂的完美与伟大，遵循文艺复兴艺术风格的完美与和谐，他将所能观察到的自然界的美、艺术家内心所能感受到的美的形式集中于一件件作品中。这一时期的作品有《梯边圣母》《酒神巴克斯》《圣母哀悼基督》《大卫》等。之后，艺术家经历了艺术创作与生活、情感的困苦磨难，创作倾向于表现灵魂的独立与觉醒，灵魂与物质的冲突，扭曲的身体里充满无限的力量，灵魂被困于躯体的挣扎与抗争，如尤里乌斯二世的陵寝、美第奇家族墓室的设计与雕刻等。米开朗基罗的晚期作品则更加倾向于为灵魂寻求解脱之路，如为西斯廷礼拜堂所作的《末日审判》。他强烈地追求灵魂之美与理智之美，这时候的自然与物质之美已经无法束缚住他的刻刀了。

（上图）**密涅瓦**，罗马卡比托利欧博物馆新宫。　　（右页）**元老宫**，罗马。

（左页）**庇亚门**（Pia Porta）正面习作，约1561年，佛罗伦萨米开朗基罗故居博物馆。

（本页）路易吉·罗西尼作品，**庇亚门的景色**，罗马赫尔茨安南图书馆马克斯普朗克艺术史研究院。

（左页）**基督被解下十字架**，约1501年，木板油画，162厘米×150厘米，伦敦国家美术馆。
（本页）**基督被解下十字架**，局部。

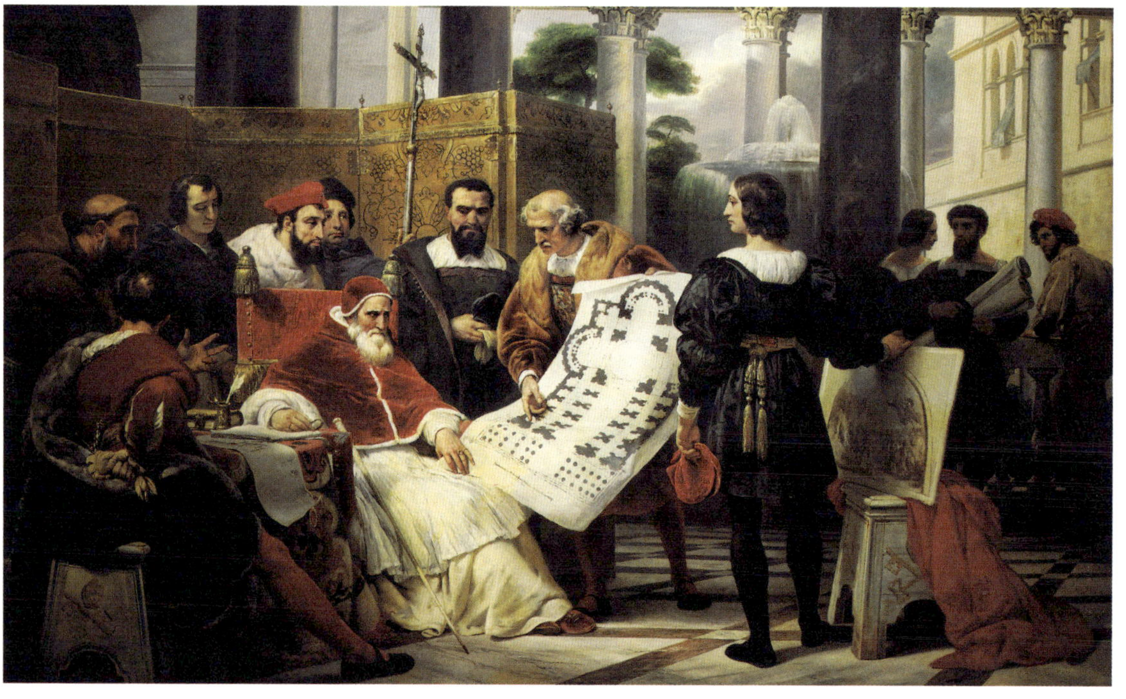

贺拉斯·贝内特（Horace　Vernet）作品，画中表现的是教皇尤里乌斯二世在米开朗基罗、布拉曼特和拉斐尔的围绕中下令开始梵蒂冈城和圣彼得大教堂的宏伟工程，巴黎卢浮宫。

皮埃尔·马泰奥·德阿梅利亚（Pier Matteo d'Amelia），**西斯廷礼拜堂四方形穹顶装饰的计划**，佛罗伦萨乌菲齐美术馆，绘画与印刷品收藏室，编号711A。

（上图）由阿德里亚诺·马尼纳佐（Adriano Marinazzo）完成的**西斯廷穹顶三维再现模拟图**。
（下图）**西斯廷穹顶三维再现模拟图，**局部。

（上图）米开朗基罗故居博物馆景观大厅在2010年6月22日至10月11日“欧洲的辉煌”展中播放的**影像片断**，该视频片段展示的是皮埃特罗·达·科尔托纳（Pietro da Cortona）所制作的皮提宫巴洛克风格正面的三维模拟。皮埃特罗·达·科尔托纳于1637—1647年间在佛罗伦萨进行创作。

（下图）在皮埃特罗·达·科尔托纳所制作的皮提宫巴洛克风格正面的**三维模拟**，局部。

材料的呼吸——
通过Aurelio Amendola摄影作品
走近米开朗基罗

从《半人马之战》到梵蒂冈的《圣母哀悼基督》

第85页：

半人马之战，局部。

约1492年，大理石雕塑，整体80.5厘米 ×90.5厘米。

佛罗伦萨米开朗基罗故居博物馆。

第86页：

梯边圣母

约1490—1492年，大理石雕塑，整体57.1厘米 ×40.5厘米。

佛罗伦萨米开朗基罗故居博物馆。

第87页：

举着烛台的天使

约1494—1495年，大理石雕塑，高51.5厘米。

博洛尼亚圣多明我大教堂。

第88—89页：

圣普罗库卢斯

约1494—1495年，大理石雕塑，高58.5厘米。

博洛尼亚圣多美尼克大教堂。

第90—91页：

丘比特(手持弓箭)

约1494—1497年(？)，大理石雕塑，高100厘米。

法国驻纽约领事馆。

第92—95页：

酒神巴克斯

约1496—1497年，大理石雕塑，高190厘米，连底座高209厘米。

佛罗伦萨巴杰罗国家美术馆。

第96—101页：

藏于梵蒂冈博物馆的《圣母哀悼基督》

约1497—1499年，大理石雕塑，高174厘米，底座195厘米 ×69厘米。

梵蒂冈圣彼得大教堂。

第102页：

圣保罗，局部。

约1501—1504年，大理石雕塑，整体高127厘米。

锡耶纳主教堂，皮克罗米尼礼拜堂。

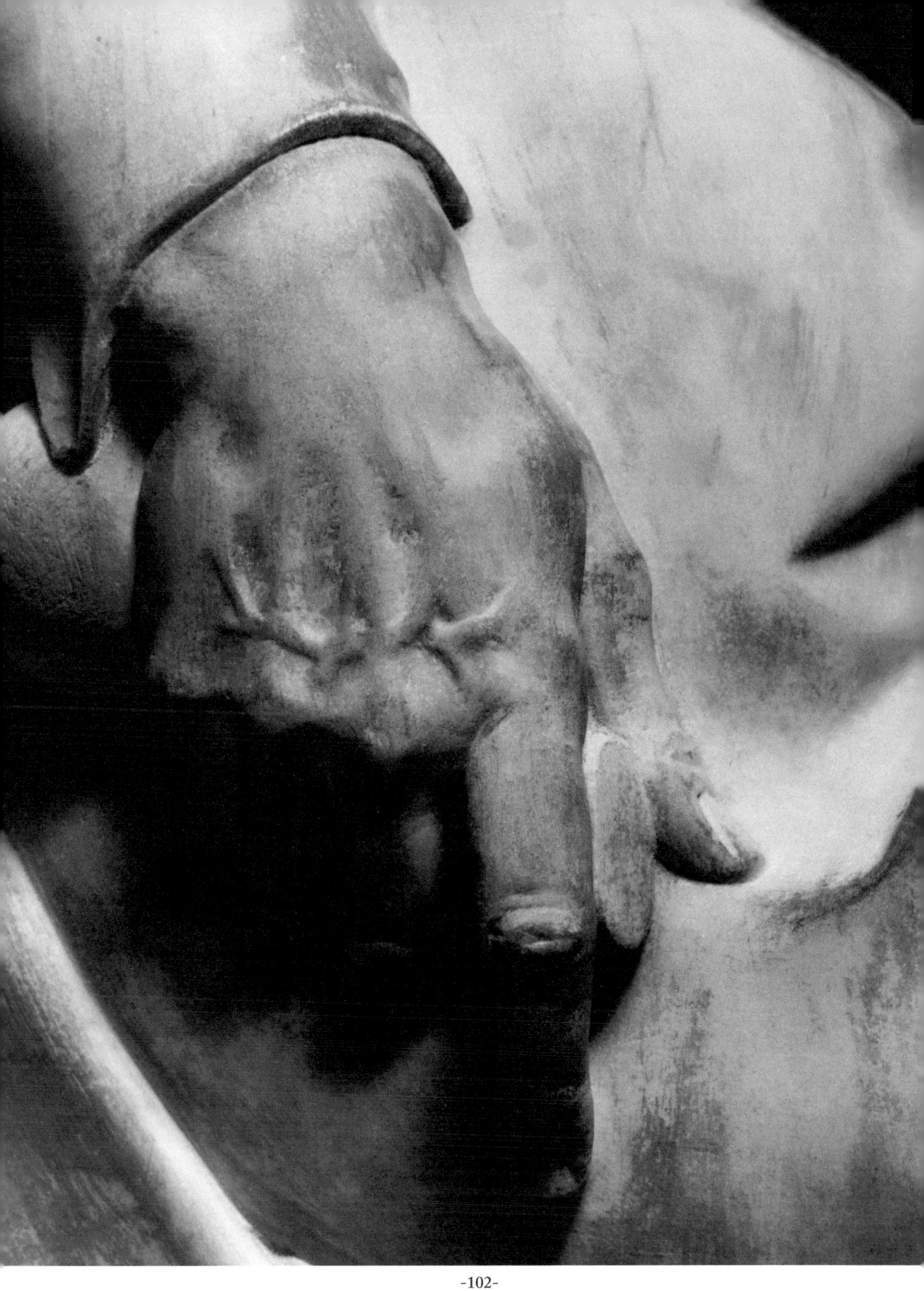

从《大卫》到《圣马太》

第104—111页：

大卫

1501—1504年，大理石雕塑，高486厘米

（连底座高516厘米，连柱基高672厘米）。

佛罗伦萨美术学院美术馆。

第112页：

皮蒂圆形浮雕（圣母子与小圣约翰，Tondo Pitti），局部。

约1503—1506年，大理石雕塑，整体85.5厘米×82厘米。

佛罗伦萨巴杰罗国家博物馆。

第113页：

圣母子（布鲁日的圣母），局部。

约1501—1505年，大理石雕塑，整体高94厘米。

藏于布鲁日圣母大教堂。

第114页：

苏醒的囚徒

约1520—1532年，大理石雕塑，高267厘米。

佛罗伦萨美术学院美术馆。

第115页：

圣马太

约1506年，大理石雕塑，高216厘米。

佛罗伦萨美术学院美术馆。

第116页：

男子上半身

约1513年，陶瓷作品，高23厘米。

佛罗伦萨米开朗基罗故居博物馆。

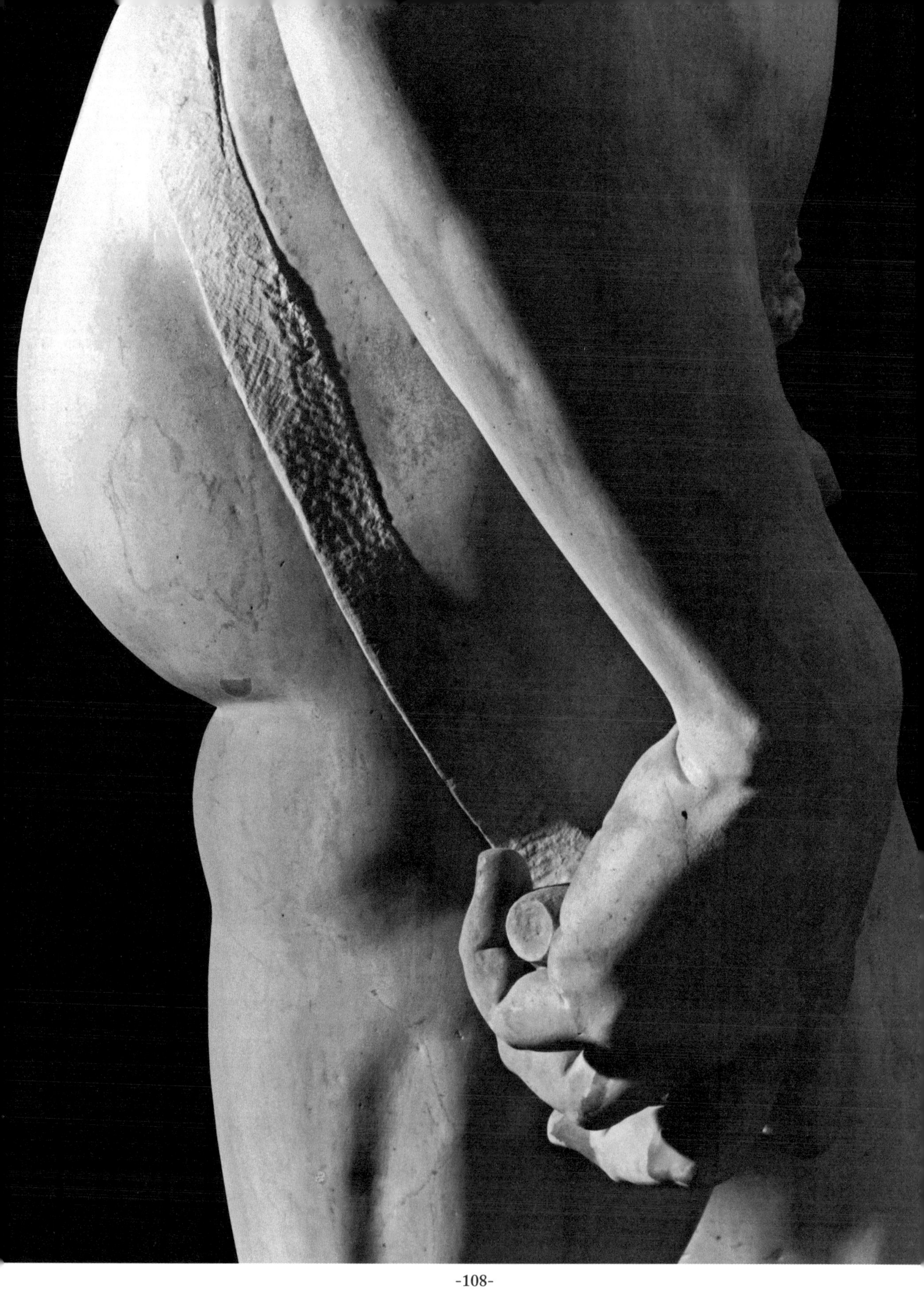

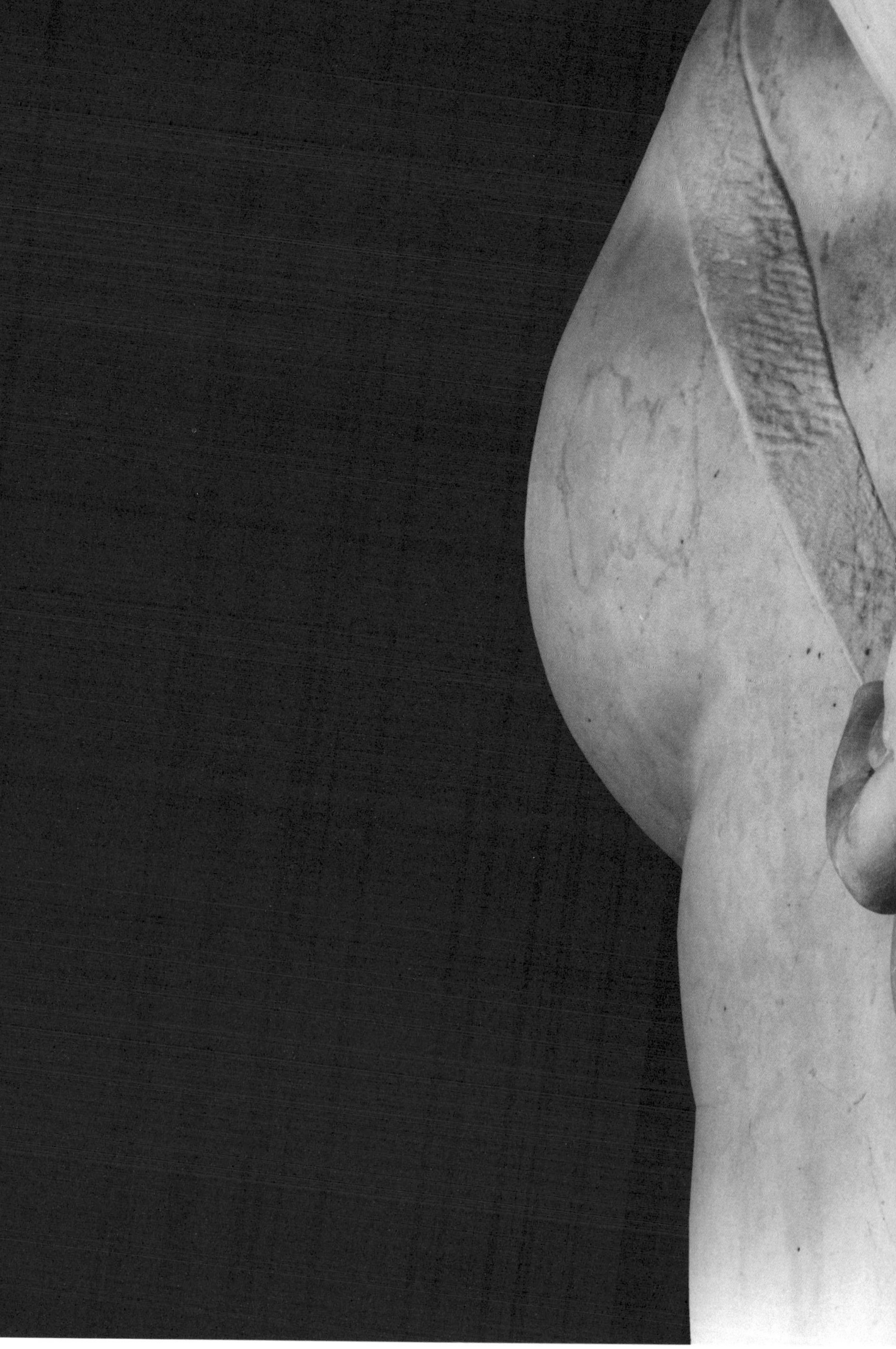

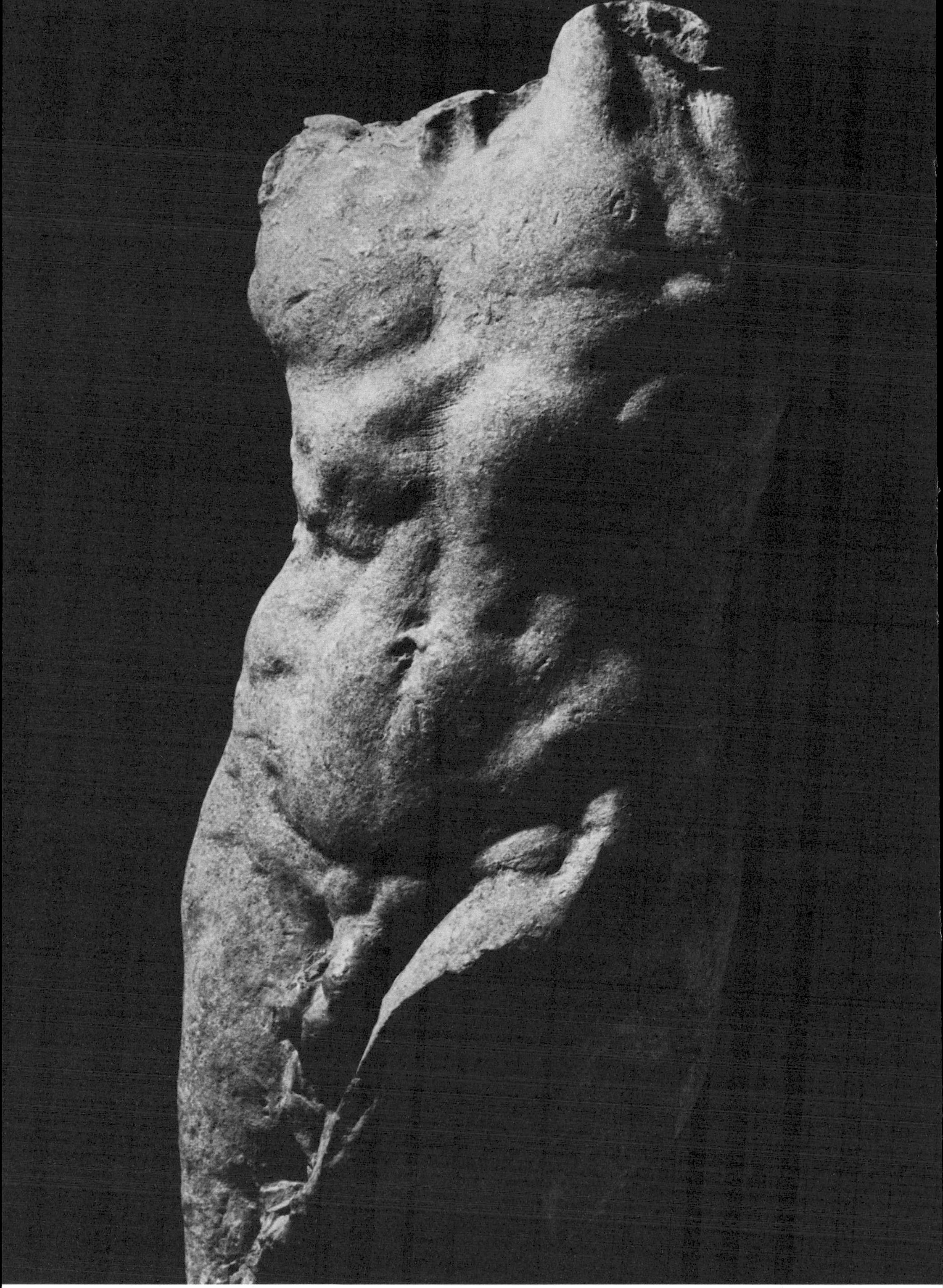

摩西、奴隶与囚徒

第118—119页：
垂死的奴隶
约1513—1516年，大理石雕塑，高229厘米。
巴黎卢浮宫。

第120—121页：
反抗的奴隶
约1513—1516年，大理石雕塑，高215厘米。
巴黎卢浮宫。

第122—124页：
摩西，局部。
约1513—1516年(或认为是1542年)，大理石雕塑，整体高235厘米。
罗马圣彼得镣铐教堂。

第125—128页：
年轻的囚徒
约1520—1532年，大理石雕塑，高256厘米。
佛罗伦萨美术学院美术馆。

第129页：
苏醒的囚徒，局部。
约1520—1532年，大理石，整体高267厘米。
佛罗伦萨美术学院美术馆。

第130—133页：
蓄胡须的囚徒
约1520—1532年，大理石雕塑，高267厘米。
佛罗伦萨美术学院美术馆。

第134—135页：
奴隶阿特拉斯，局部。
约1520—1532年，大理石雕塑，整体高277厘米。
佛罗伦萨美术学院美术馆。

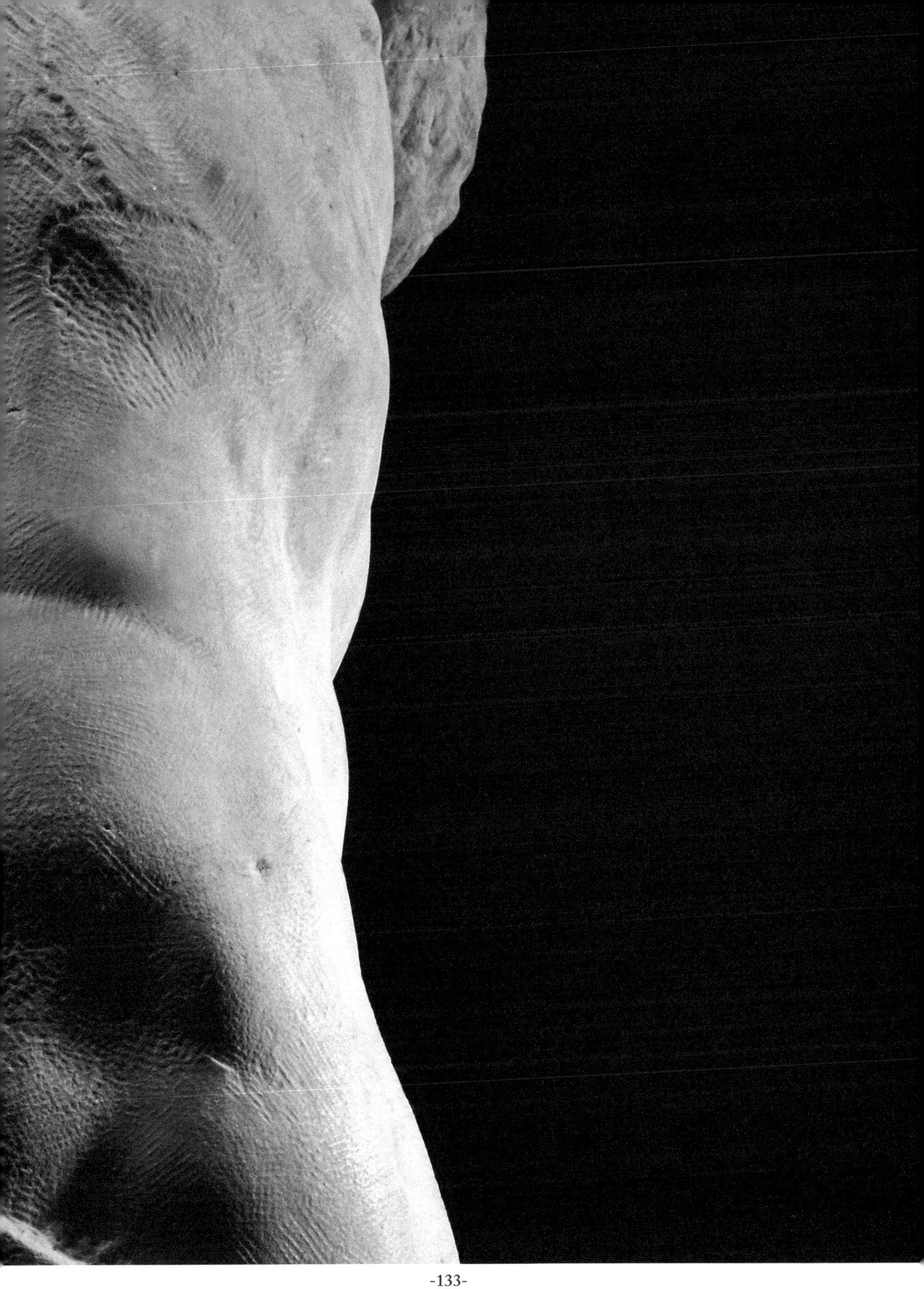

圣洛伦佐大教堂新圣器收藏室里的雕塑

洛伦佐·德·美第奇之墓

第137页：

暮

约1524—1531年，大理石雕塑，长195厘米。

第138页：

乌尔比诺公爵洛伦佐·德·美第奇塑像，局部。

约1525年，大理石雕塑，整体高178厘米。

第139—141页：

晨

约1524—1527年，大理石雕塑，长206厘米。

朱力亚诺·德·美第奇之墓

第142页：

夜，局部。

约1525—1531年，大理石，整体长194厘米。

第143页：

朱力亚诺·德·美第奇，局部。

约1526—1534年，大理石雕塑，整体高173厘米。

第144—145页：

朱力亚诺·德·美第奇、夜与昼。

约1525—1534年。

第146—147页：

昼，局部。

第148—149页：

夜，局部。

第150页：

美第奇礼拜堂的圣母玛利亚，局部。

约1521—1534年，大理石雕塑，整体高226厘米。

第151页：

祭台上的龙

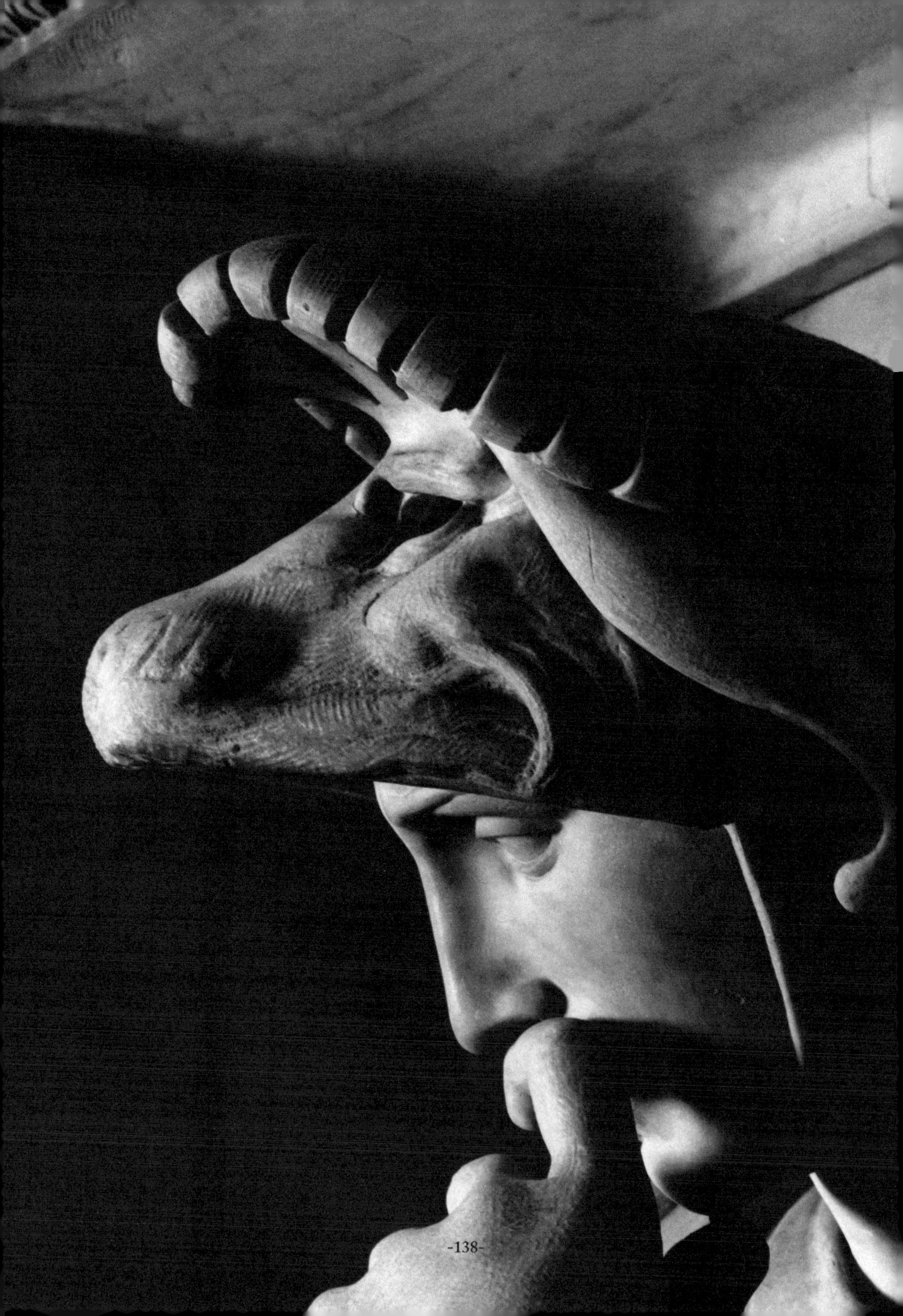

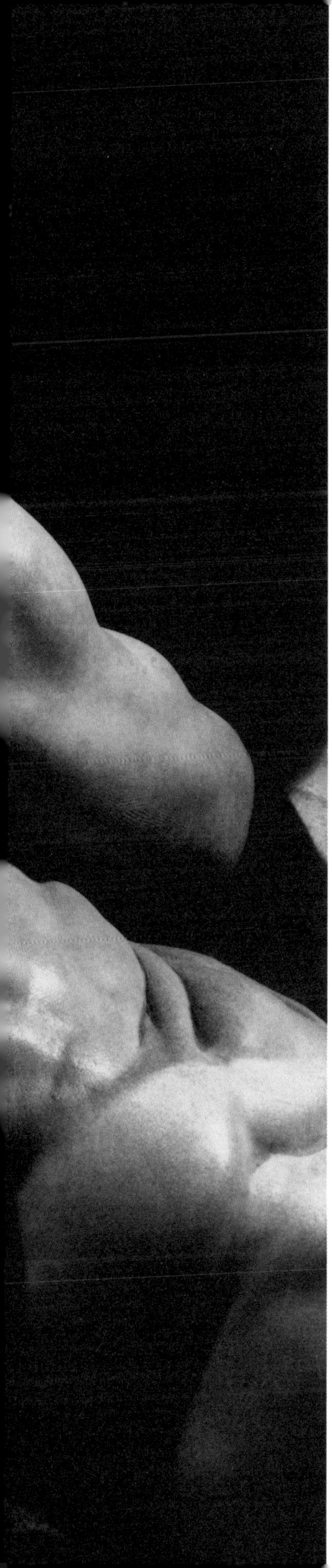

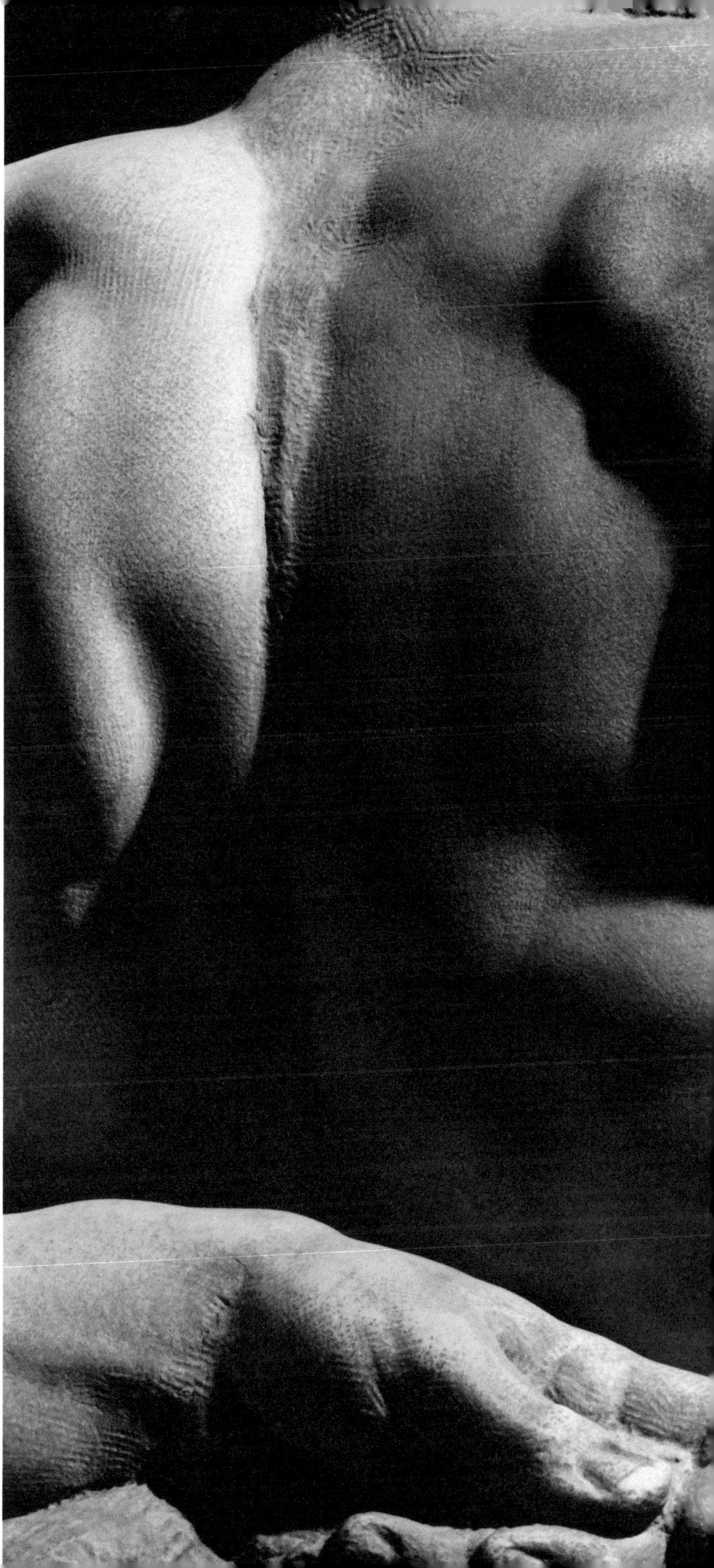

从《胜利之神》到《隆达尼尼的圣母哀悼基督》

第153—157页：
《胜利之神》中的年轻天才，局部。
约1525年或为1530—1534年，大理石雕塑，整体高261厘米。
佛罗伦萨维奇奥宫，500人大厅。

第158—159页：
救世主基督(密涅瓦的基督)
约1519—1521年，大理石雕塑，高205厘米(不计入十字架高度)。
罗马，密涅瓦神殿上的圣母玛利亚教堂。

第160—161页：
青少年
约1524—1525年或1530—1534年，大理石雕塑，高54厘米。
圣彼得堡艾尔米塔什博物馆。

第162—163页：
阿波罗－大卫
约1525—1532年，大理石雕塑，高146厘米。
佛罗伦萨巴杰罗国家博物馆。

第164—165页：
河神，草样。
约1520—1530年，蜡像，长22厘米。
佛罗伦萨米开朗基罗故居博物馆。

第166页：
搏斗中的人，草样。
约1525—1528年，陶土，高41厘米。
佛罗伦萨米开朗基罗故居博物馆。

第167—168页：
班迪尼(Bandini)的圣母哀悼基督，局部。
约1547—1555年，大理石雕塑，整体高226厘米。
佛罗伦萨，主教堂艺术作品博物馆。

第169页：
基督，局部。
约1562—1563年，木雕，高27厘米。
佛罗伦萨米开朗基罗故居博物馆。

第170—171页：
隆达尼尼的圣母哀悼基督
约1549—1564年，大理石雕塑，195厘米。
米兰斯福尔扎城堡。

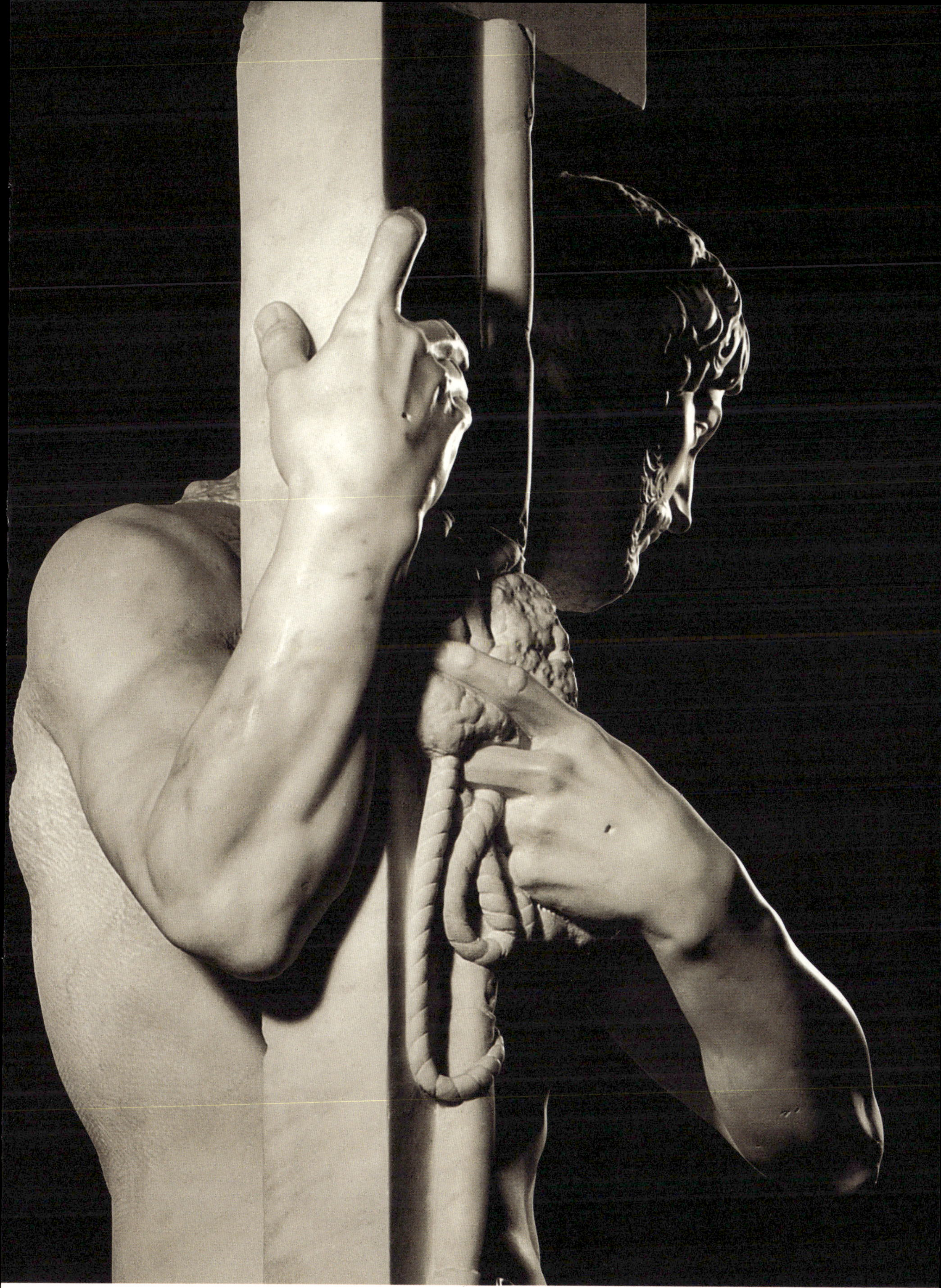

梵蒂冈博物馆
馆藏作品

西斯廷穹顶

（修复后）

1508—1512年

湿壁画（约520天）

4023厘米（长）×1340厘米（宽），距地面高度超过20米。

圣经故事与人物

先知

女祭司

穹隅的壁画：以色列的救赎

弦月窗的壁画：基督的祖先

IONAS

DANIEL

ESAIAS

EZECHIEL

ZACHERIAS

IOEL

HIEREMIAS

LIBICA

CVMAEA

DELPHICA

ERITHRAEA

PERSICHA

NAASON

NAASON

AMINADAB

IESSE
DAVID
SALOMON

ASA
IOSAPHAT
IORAM

EZECHIAS
MANASSES
AMON

IOSIAS
IECHONIAS
SALATHIEL

AZOR
SADOCH

ELEAZAR
MATHAN

IACOB
IOSEPH

ACHIM
ELIVD

ZOROBABEL
ABIVD
ELIACHIM

ROBOAM
ABIAS

OZIAS
IOATHAM
ACHAZ

SALMON
BOOZ
OBETH

《末日审判》

（修复后）

约1536—1541年

湿壁画，约450天。

约1400厘米×1250厘米。

第216—217页：全貌

第218—219页：(右弦月窗)
簇拥着基督受难象征物的天使们(象征物为：大理石柱、芦苇、海绵和台阶)

第220—221页：(左侧弧面窗细节)
手持荆棘王冠的天使们

第222页：进行末日审判的基督与圣母和圣人们

第223页：基督与圣母

第224页：圣巴托罗密欧和他手中的皮上的米开朗基罗的自画像

第225页：罪人被罚入地狱，细节。

第226—227页：上帝的子民升入天堂

第228页：圣凯瑟琳与圣塞巴斯蒂安

第229页：吹奏号角将亡人唤醒的天使

第230—231页：罪人被罚入地狱

第232—233页：死人的复活

第234—235页：船夫卡戎的船与被罚入地狱的人

第236页：船夫卡戎的头部

第237页：(左上图)在众多罪人之中的米诺斯
(右上图)米诺斯，局部。
(下图)地狱入口处的魔鬼与罪人们

IONAS

保罗礼拜堂穹顶

（修复后）

第238—239页：
圣保罗，局部。

第240—241页：
圣保罗的归宗，约1542—1545年，湿壁画(85天)，约625厘米 ×661厘米。

第242页：
圣彼得的磔刑，局部。

第242—243页：
圣彼得的磔刑，约1545—1550年，湿壁画(87天)，约626厘米 ×662厘米。

建筑作品

圣洛伦佐大教堂和圣洛伦佐图书馆

以绘画和雕塑闻名于世的米开朗基罗的建筑表现形式同样是文艺复兴的一座高峰。他所设计的建筑物层次感分明，具有很强的立体感，光影变化剧烈，与他的雕塑作品一样，充溢着遒劲的风格与英雄主义精神。

在早期为尤里乌斯二世修建陵寝的阶段，米开朗基罗已经将雕塑的形体美融入到了整体建筑的规划中。他不仅亲自绘制建筑的蓝图，在施工阶段也是事必躬亲，亲手搭建完美的模型，判断平面设计立体化的实际效果。1516年，经过层层选拔，利奥十世最终选择了米开朗基罗，请他规划其家族的教堂——圣洛伦佐大教堂。这位教皇出身于美第奇家族，他一心想通过米开朗基罗的作品，光耀门楣。当时，拉斐尔已经继任布拉曼特，负责圣彼得大教堂的修复工程，米开朗基罗一心想与拉斐尔一争高低，尽管那个时候他已感到体力不支，但还是接受了这一工作委托。他声称，"我要将这座教堂的正面建造成为全意大利的建筑与雕塑取法的镜子"。

圣洛伦佐大教堂建于393年至1419年，利奥十世出资由布鲁内莱斯基进行扩建。事实上，教堂只是一个巨大的综合建筑体的一部分，除了教堂之外，还包括布鲁内莱斯基所设计的旧圣器室、米开朗基罗设计的圣洛伦佐图书馆以及新圣器室、马太欧·尼杰提所设计的礼拜堂。1515年，利奥十世尚未敲定圣洛伦佐大教堂设计的最终人选之前，众多建筑师蜂拥而至，向教皇上呈自己的设计作品，巴奇奥·达·阿尼奥罗(Baccio D'Agnolo)、安东尼奥·达·桑加罗、拉斐尔等人的作品都一度得到了利奥十世的赏识。然而，拉斐尔的作品虽然满足了教皇想拥有足够的立面空间以安放雕塑的想法，但却无法掌控好建筑与雕塑之间的平衡。

在布鲁内莱斯基的设计中，中殿的正立面趋向于三个等级——圆柱、拱顶与天窗。要在改建中重现古罗马神庙荣光，教堂的立面就很难做这样的划分，因为第二个等级实在是太狭窄了，没有合适的柱式可以适应它。但是另一方面，如果正立面只有两层，其中的一层就会因为不合比例而显得过高。

从阿尔贝蒂开始，十五世纪的建筑家就已经开始尝试着解决圣洛伦佐大教堂的这一问题。朱力亚诺·达·桑加罗所绘制的图纸提出了两种解决方案：一是建一座三层的立面，宽度由下至上递减，底层的门廊由于采用了极高的柱式，会显得被拉长了一样，中间是非古典壁柱的夹层；另一种方案则是利用同高同宽的两层立面，除了用三角楣覆盖中

（左页）雅各布·达·恩波利，**米开朗基罗为利奥十世和尤里乌斯·德·美第奇主教介绍圣洛伦佐大教堂的壁画设计**，1619年，布面油画，佛罗伦萨米开朗基罗故居博物馆，局部。

殿，在立面上还掩盖了中殿与侧廊的高度差，并加入了一个与立面关系并不十分紧密的钟楼。不管是哪种解决方案，在教堂的立面问题上，众多建筑家们还是显得束手无策。

米开朗基罗在桑加罗的启发之下，将各种独立的元素融合成整体，他使主入口两旁的四个圆柱统一于一个檐壁，从而统一了中殿部分的比例。另外，基于对整体结构的考虑，米开朗基罗选择了三层的体系，立面分为中间三层，两侧的两层，中间的开间向前突出，与三角顶一道创造出帕特农神庙式的门廊。再后来，他干脆取消了门廊，将夹层和顶层原本分别设立的柱子统一成了一根。如此一来，容纳十座雕像的壁龛分布也显得更加均匀。

在不断的完善与修改中，米开朗基罗交出了圣洛伦佐大教堂正门的设计图。新的正门立面不再是仅有装饰功能的二维立面，而是一个独立的三维建筑物；在前廊的设计中，他改变了立面的维度，这成为教堂重要的元素，正立面与侧立面没有发生冲突，通过对古典风格的合理运用；他将凯旋门式的拱顶巧妙地叠加在柱顶，从而使狭窄的中间层的柱式问题得到了解决，均衡了立面的每一个元素。尽管这些元素让立面有一种纵横交错的网格观感，但丝毫不破坏整体的印象。在完成设计稿后，1517年，米开朗基罗将正门的木制雏形制作完成送往罗马。

第二年，他与利奥十世约定，在八年之内完成圣洛伦佐大教堂的正门。合约签订之后，尤里乌斯二世的遗嘱执行人只得让步，允许米开朗基罗延缓尤里乌斯陵寝的工程进度。米开朗基罗很快便投入了新的工程，他前往卡拉拉采石场监督采石，在石料的选择上他与美第奇家族的人产生了分歧。在他看来，卡拉拉的白色大理石是建造教堂正门的不二之选，而在雇主看来，新近在佛罗伦萨收购的石头才更适宜。取舍之后，米开朗基罗屈从了教皇的意志，却在同时开罪了卡拉拉人，他们与航海工人联合起来报复米开朗基罗，致使他在当地找不到一条为他拉白石的船，无奈之下，米开朗基罗只得在山上修建了一条长达几英里的运输石材的通路。

回到佛罗伦萨之后，米开朗基罗并没有立刻开始工作，他固执地坚持在修建尤里乌斯二世陵寝时的做法，要等到所有材料都运抵之后才能动工，如此一来，开工的时间不断向后拖延，这自然引起了教皇的不满。同时，运往佛罗伦萨的巨石在路上断了四块，有一块在刚刚抵达佛罗伦萨后也严重损坏。鉴

圣洛伦佐大教堂早期正面，可以看见早期的教堂，在没有进行豪华修缮之前，其风格带有乡村建筑的简陋气息，1480—1490年，佛罗伦萨圣洛伦佐大教堂。

于此，不耐烦的利奥十世终于在1520年下令取消了与米开朗基罗先前的契约，而米开朗基罗是在接替他的工匠到达彼耶特拉山塔(Pietrasanta)后才知道的，这无疑对他来说是个不小的打击。

尽管时运不济，米开朗基罗还是通过圣洛伦佐大教堂的设计以及其后在1525年动工修建的圣洛伦佐图书馆两个建筑作品，为后人留下了名副其实的“建筑与雕塑取法的镜子”。

在圣洛伦佐图书馆的设计中，米开朗基罗再一次大胆使用了古典柱式，并由此开创了新的建筑风格。他突出了柱式结构的立体感，以一种曲折回合的建筑形态对图书馆的楼梯进行设计，挖掘了楼梯本身的建筑表现力，使楼梯本身也成为了一件雕塑作品。

图书馆的楼梯本身中间部分的踏面为曲线型，在从下至上的第三个台阶处以及上部和阅览室相连的地方，踏步加宽，曲线延展形成一个椭圆形。在楼梯中还通过踏面宽度的扩大对椭圆形进行了进一步强调。两侧其中的一些踏步通过扩大形成L型，一方面是为了体现像中间的踏步那样的连续性，另一方面也由于L型而取消了两侧的扶手，简化了其他的因素，对踏步本身的效果再一次进行了加强。

米开朗基罗似乎并不满足于将楼梯作为一个雕塑作品来进行呈现。他将楼梯分为左中右三部分，以直线和曲线型的踏步区分开，在上中间的垂直维度，楼梯同样被分为三部分，由中间的踏面加宽的休息平台进行强调。与此同时，在整个房间的内壁中，富于变化和装饰性的柱式再一次将建筑的外立面引入到楼梯中，对楼梯所在的房间内壁进行装饰。此时的楼梯本身，已经不仅仅是一个独立的物体，它已经与室内外的建筑融为一体、相互呼应，将米开朗基罗的建筑巧思发挥到了极致。

（左图）**圣洛伦佐大教堂的米开朗基罗式正面木制模型**，根据巴奇奥（Baccio d´Agnolo）或皮耶特罗·乌尔班（Pietro Urbano）1517年作品而作，佛罗伦萨米开朗基罗故居博物馆。

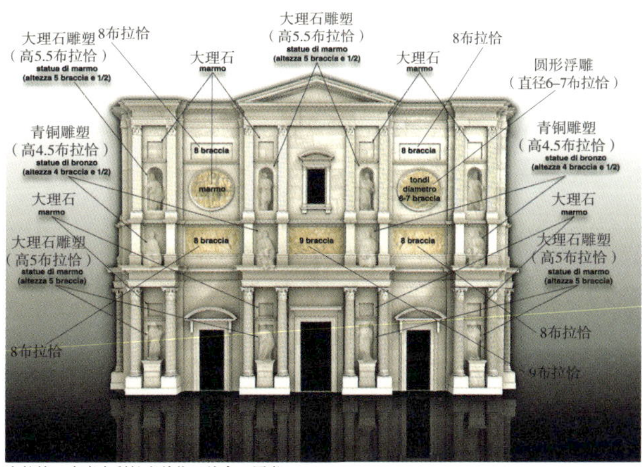

布拉恰，古意大利长度单位，约合60厘米。

（右图）**圣洛伦佐大教堂正面三维复原**，由保罗·贝尔冬奇尼·萨巴蒂尼（Paolo Bertoncini Sabatini）电脑技术实现，2007年。

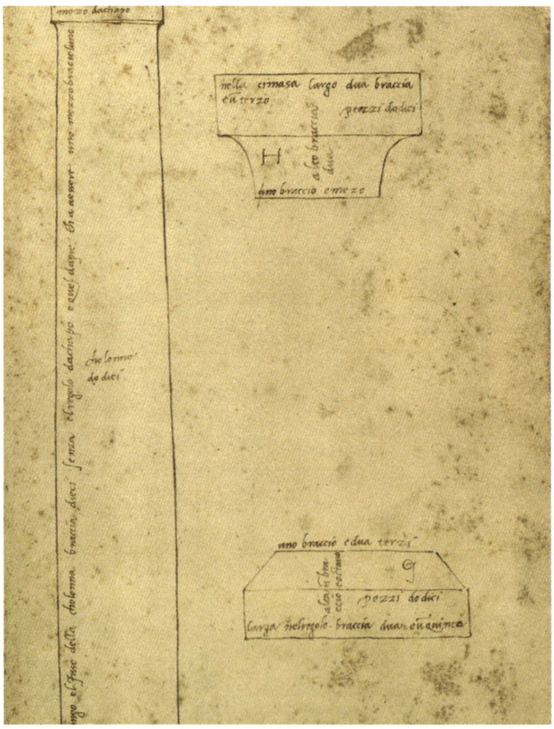

（上图）米开朗基罗，**圣洛伦佐大教堂正面最终设计图**，草稿，1517年，佛罗伦萨米开朗基罗故居博物馆，43A。

（下图）米开朗基罗，**圣洛伦佐大教堂大理石柱设计与运输示意草图**，佛罗伦萨米开朗基罗档案馆，I，129，f.244。

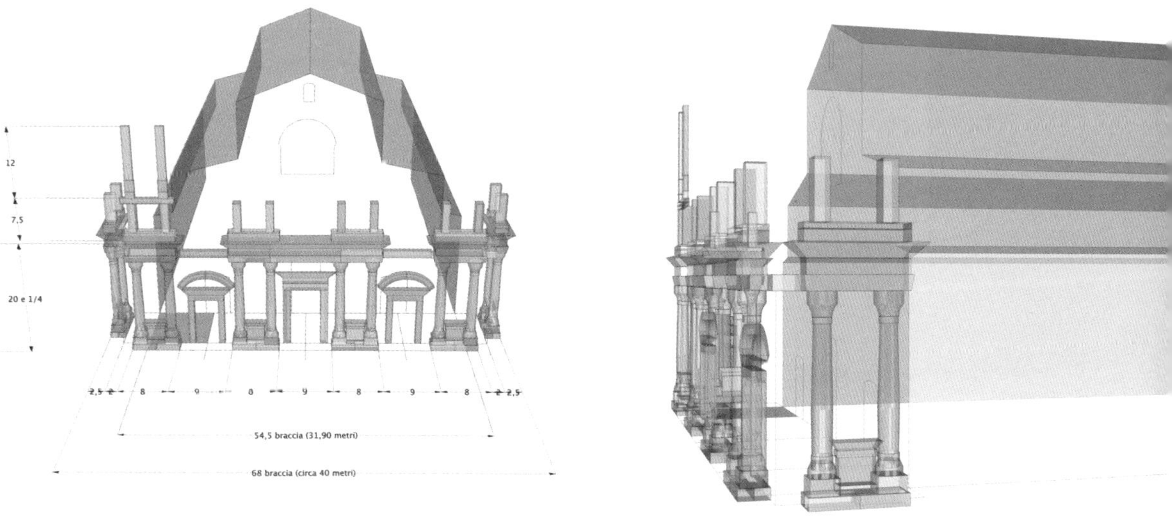

圣洛伦佐大教堂大理石块堆砌示意图，由保罗·贝尔冬奇尼·萨巴蒂尼（Paolo Bertoncini Sabatini）电脑技术实现，2007年。

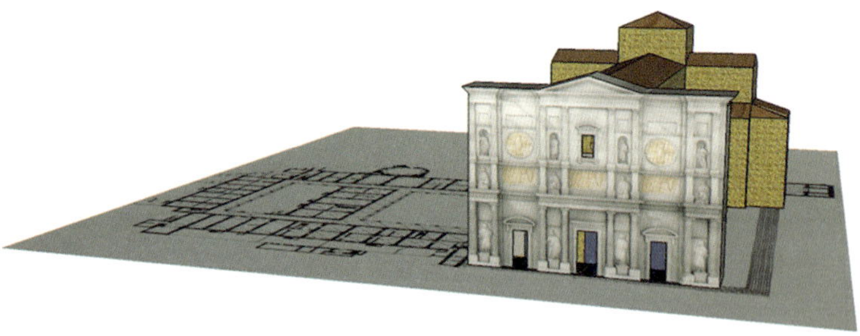

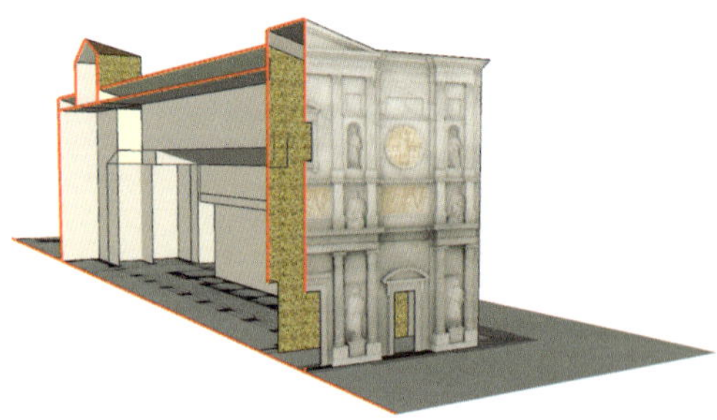

（上图）**米开朗基罗设计圣洛伦佐大教堂未完成设计与最终设计稿**（1517年夏天）**的比照**，吉安路易吉·桑奇（Gianluigi Sanzi），2007年。

（下图）**圣洛伦佐大教堂内部**，一层为教堂前厅，二层为圣器收藏室，也是教堂的"自主建筑"部分，由贝尔冬奇尼·萨巴蒂尼（Paolo Bertoncini Sabatini）于2010年和吉安路易吉·桑奇（Gianluigi Sanzi）于2007年合作完成。

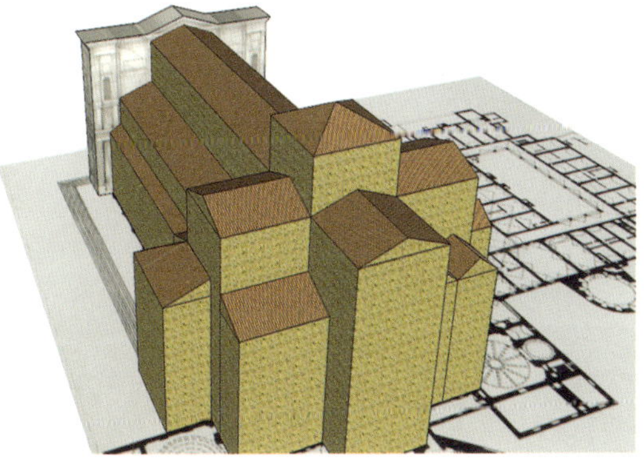

（左图）**圣洛伦佐大教堂三维还原图**。

（右图）**根据圣洛伦佐大教堂13世纪时期正面投影三维还原**，2010年2月，保罗·贝尔冬奇尼·萨巴蒂尼（Paolo Bertoncini Sabatini）和娜塔莉多媒体（Natali Multimedia）工作室合作完成，加布里埃拉·摩罗里（Gabriele Morolli）摄影，2007年。

米开朗基罗式教堂正面木制模型的细节，佛罗伦萨米开朗基罗故居博物馆。

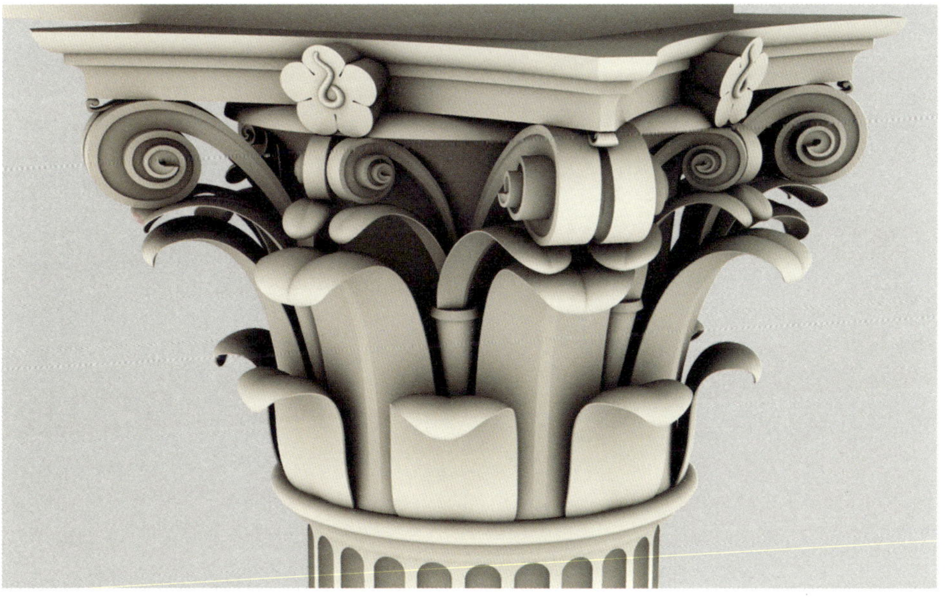

（上图）**科林斯大理石柱头**，据推测曾用于圣洛伦佐大教堂正面的米开朗基罗式大理石柱中，佛罗伦萨，公共花园，加布里埃拉·摩罗里（Gabriele Morolli）摄影作品，2010年。

（下图）**古典范式的科林斯柱头**容量测定示意，由马西米里安诺·卡尔雷迪（Massimiliano Carletti）根据维尼奥拉 (Giacomo Barozzi da Vignola)1562年所著《建筑五柱式规范》（*Regola delli cinque Ordini d'Architettura*）在电脑上进行还原。

拍摄于1900年前后的**圣洛伦佐广场**，在大教堂的北侧可见简朴的民宅，图片选自马太奥·马兰欧尼（Matteo Marangoni）于1922年出版的《圣洛伦佐大教堂》，插图1。

（上图）**圣洛伦佐广场西南部的模拟还原全景，**吉安路易吉·桑奇（Gianluigi Sanzi）电脑制作，2010年。

（下图）**1900年前后圣洛伦佐大教堂前的区域还原图，**凯瑟琳·弗洛萨里（Caterina Frosali）三维制作，2008年。

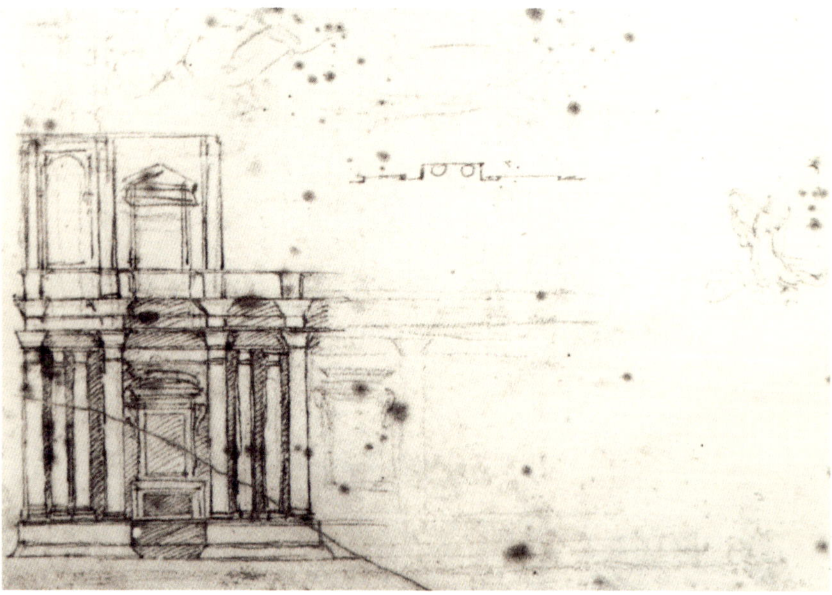

（上图）**米开朗基罗设计的圣洛伦佐图书馆中的三重梁间距示意图**，吉安路易吉·桑奇（Gianluigi Sanzi）所作，2010年。
（下图）**米开朗基罗所作草图中出现的三重梁间距示意图**，佛罗伦萨米开朗基罗故居博物馆。

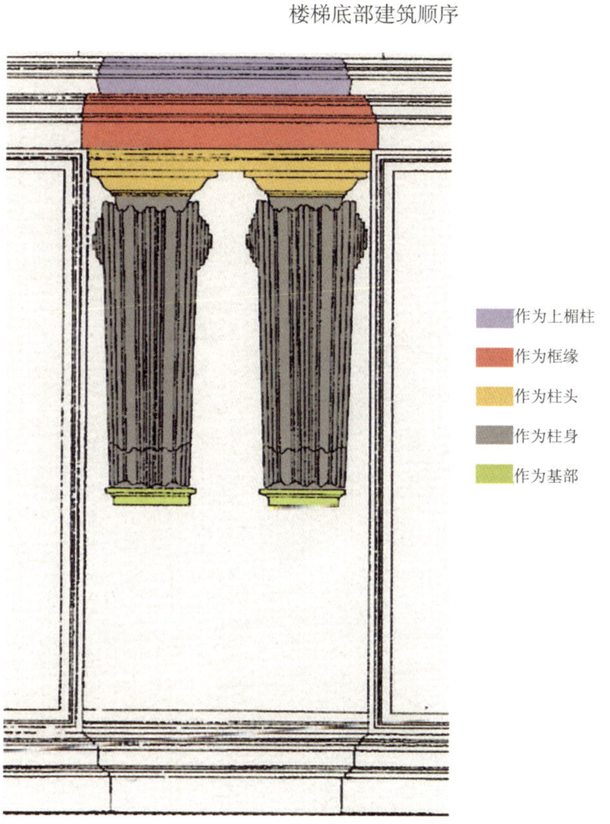

（左图）**圣洛伦佐图书馆门厅的一面墙体底部细节**。（右图）**圣洛伦佐图书馆门厅底部托架的安放顺序示意图**，由瓦伦蒂娜·拉马那（Valentina Lamanna）根据G. De Angelis D´Ossat所著《洛伦佐·美第奇图书馆》（*La Biblioteca Medieo-Laurenziana*）（1986年出版）的插图第五幅所绘制。

（左图）圣洛伦佐图书馆门厅内部南面，其中可见楼梯台阶跳跃式地伸向门厅中部。
（右图）东面与北面的墙之间的角落。

圣洛伦佐图书馆阅览室南墙内部正面。

圣洛伦佐图书馆门厅顶饰的局部。

圣洛伦佐图书馆壁龛窗台局部。

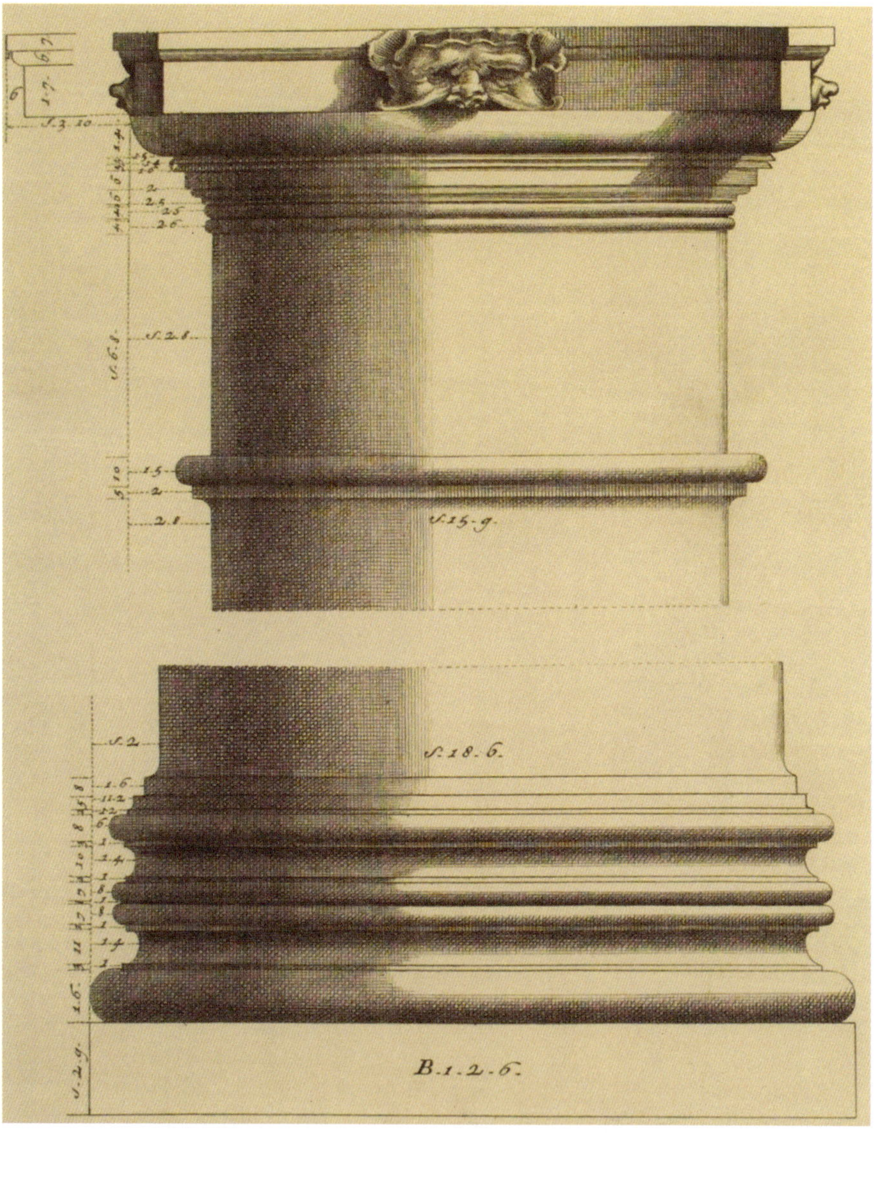

圣洛伦佐图书馆大理石柱的“落叶”式的柱头以及仿科林斯柱，图片来自因那奇奥·罗西（Ignazio Rossi）所著《洛伦佐·美第奇图书馆》（*La Libreria Mediceo-Laurenziana*），佛罗伦萨，1739年出版。

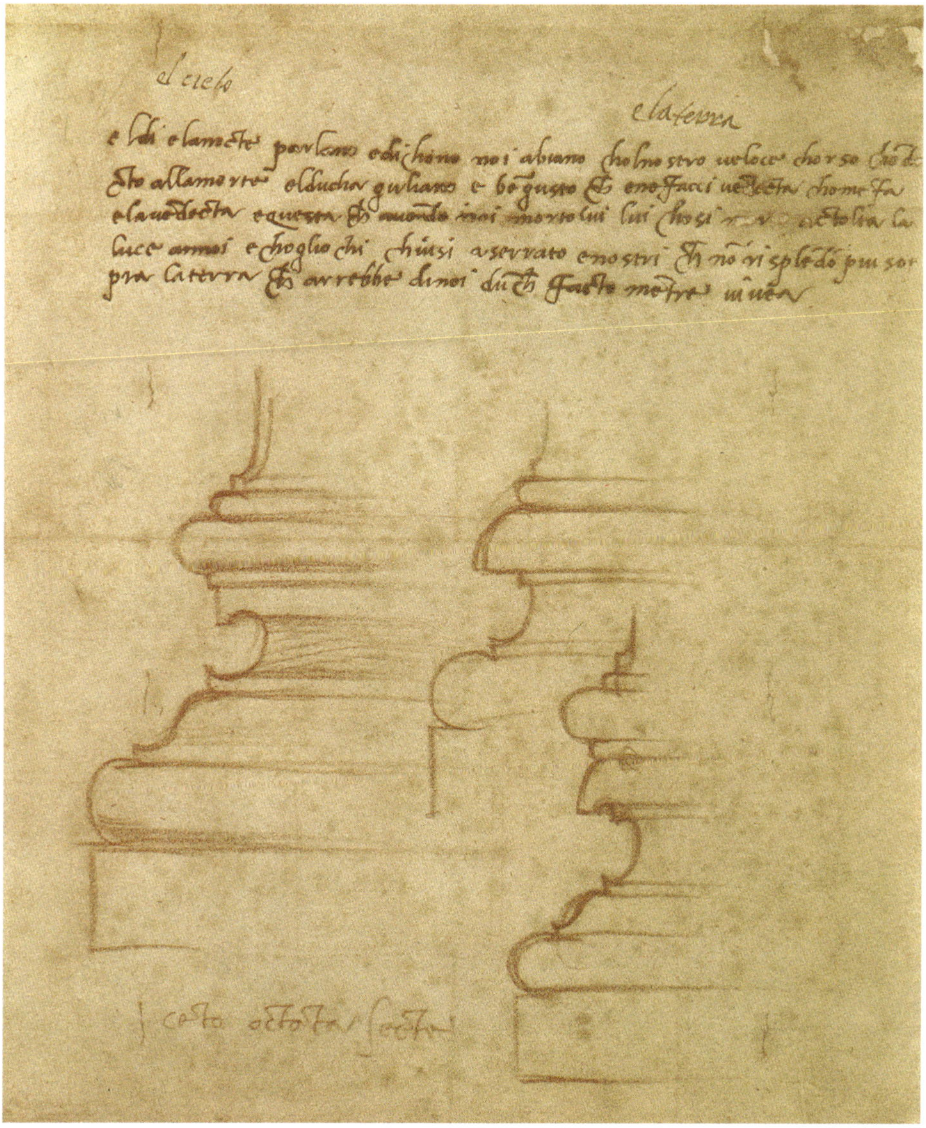

米开朗基罗绘制的三根非传统规制的阁楼底部草图，佛罗伦萨米开朗基罗故居博物馆。

（上图）**圣器收藏室内西墙正面**，居中为乌尔比诺公爵洛伦佐之墓。

（下图）**洛伦佐之墓其中一面象征凯旋的顶饰局部**：G. C. 亚尔干 (G.C.Argan)、B. 康达尔第 (B. Contardi)摄影，1990年。

圣器收藏室北墙的狭窄跨距，G.C.亚尔干(G.C. Argan)、B.康达尔第(B.Contardi)摄影，1990年。

圣器收藏室中科林斯柱头。

（上图）圣器收藏室的排柱圆形灯塔。
（下图）圣器收藏室的小穹顶。

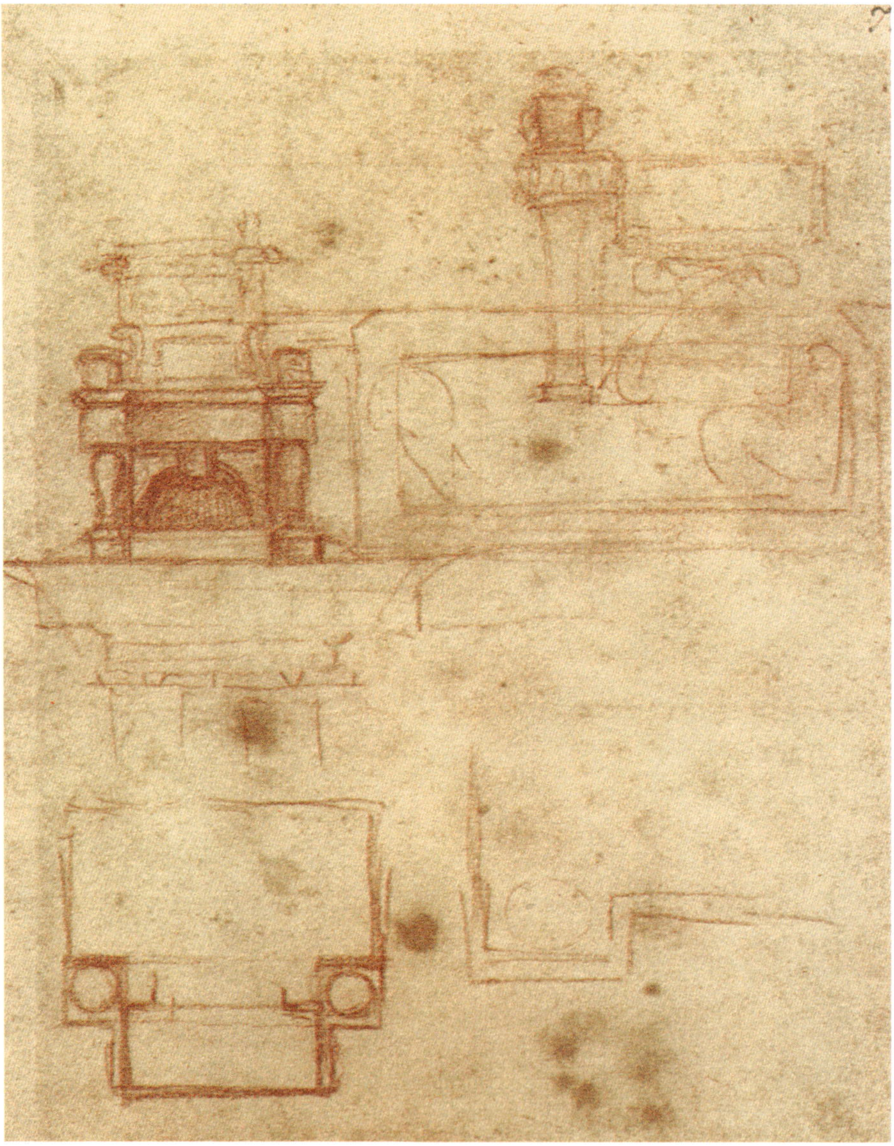

米开朗基罗所作的圣器收藏室的“凯旋正面”前厅的王座，草图，佛罗伦萨米开朗基罗故居博物馆，A72。

比耶特拉山塔（Pietrasanta）的米开朗基罗钟楼

钟楼的底座，加布里埃拉·摩罗里（Gabriele Morolli）摄影作品，2010年。

钟楼底部细节，其中可看到一处巨大的底座，该钟楼被认为是米开朗基罗的作品，加布里埃拉·摩罗里（Gabriele Morolli）摄影作品，2009年。

钟楼内部的螺旋，可视为是米开朗基罗对图拉真凯旋柱的模仿，加布里埃拉·摩罗里（Gabriele Morolli）摄影作品，2009。

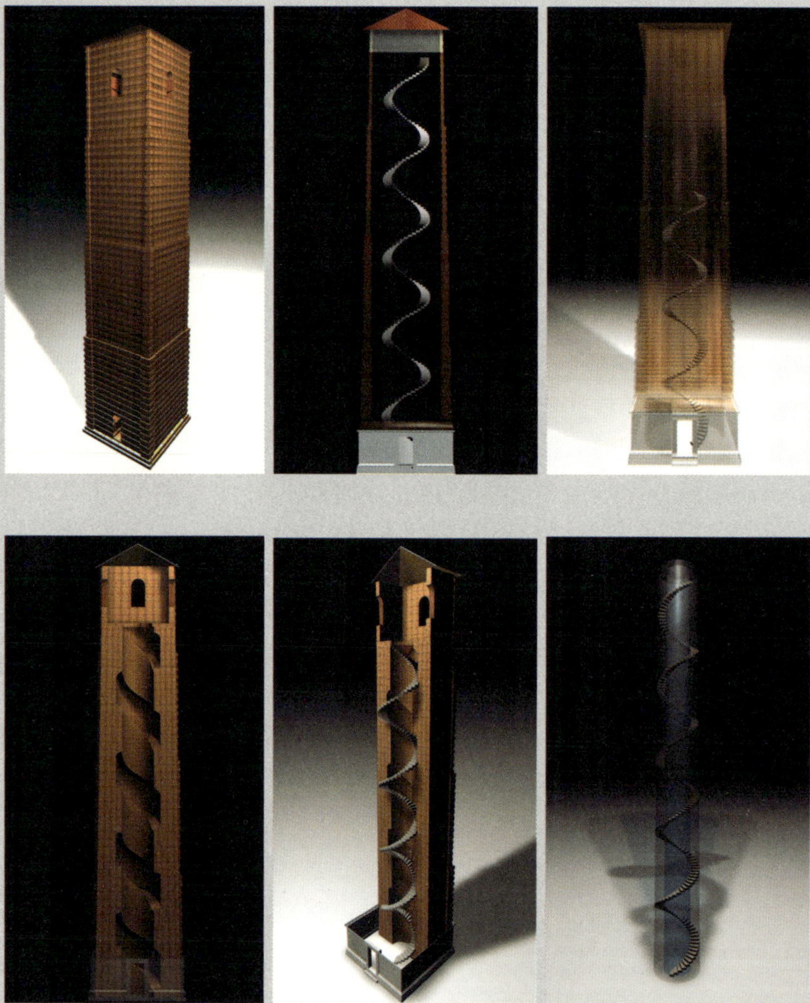

钟楼内部螺旋台阶的三维模拟，亚德里亚诺·马里纳佐作品，2010年。

（右页最右图）米开朗基罗，**反抗的奴隶**，该作品人物身体的螺旋状姿态与钟楼内部类似，成作约1513年，高215厘米，巴黎卢浮宫。

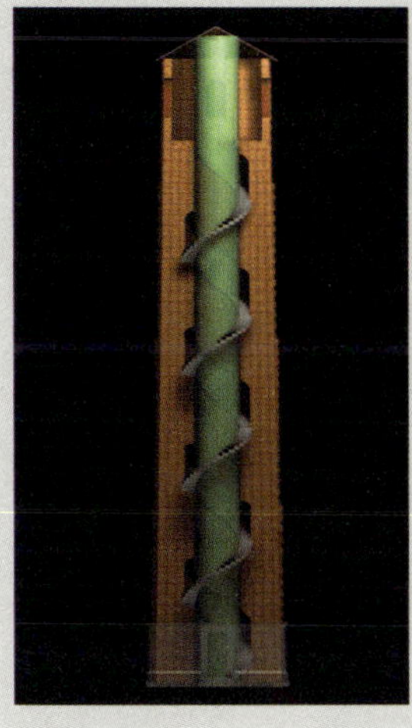

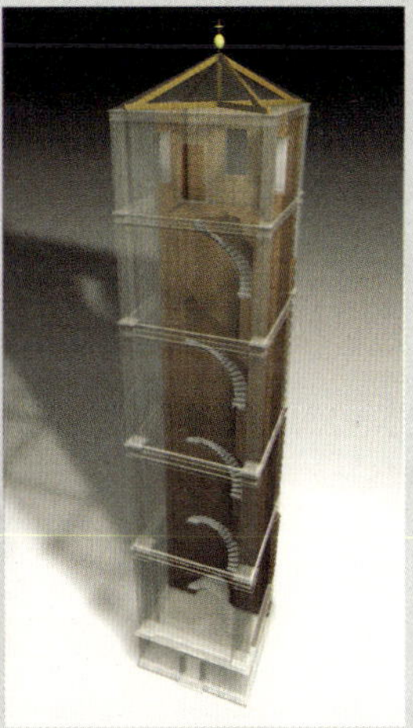
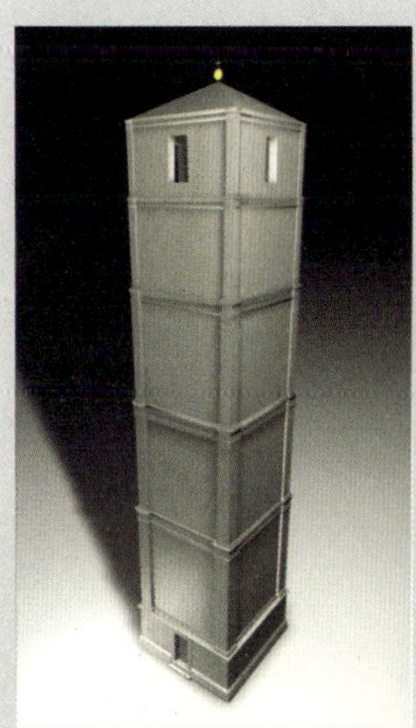
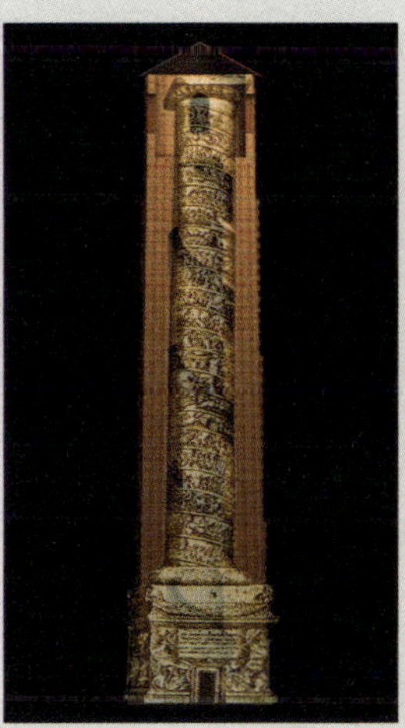
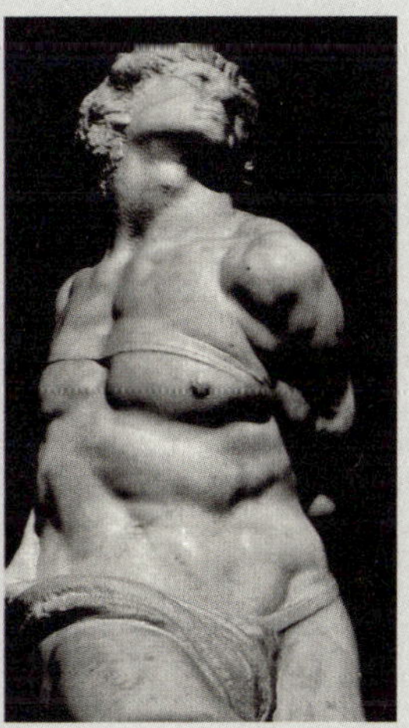

（上图）**不要碰我**（Noli me tangere），约1532年，被认为是彭多尔莫（Pondormo）或布隆奇诺（Bronzino）根据米开朗基罗的草图绘制的作品，木板油画，175厘米×133厘米，本页为画面正中央的楼梯局部，佛罗伦萨米开朗基罗故居博物馆。

（下图）**旋转楼梯形成的中空地带**，恩里科·文度里尼（Enrico Venturini）摄影作品，2005—2007年。

米开朗基罗在比耶特拉山塔（Pietrasanta）

安东尼奥·普契内利（Antonio Puccinelli），**米开朗基罗在挑选用于创作其作品的大理石**，19世纪中叶作品。马萨·卡拉拉（Massa Carrara），普罗文扎宫（Palazzo della Provincia）。

（由上至下依次为）

比耶特拉山塔（Pietrasanta）**地图**，佛罗伦萨，国家档案馆。

位于塔兰比塞拉（Trambiserra）**的采石场**，这里曾经为米开朗基罗设计的圣洛伦佐大教堂提供了无数大理石材料，远处是比耶特拉山塔靠海的平原，巴乌里奇（C. Paolicchi）摄影作品，2005年。

赛拉维扎（Seravezza）**北部的阿尔迪西莫山**，此处的大理石原料在1517年和1520年期间曾被米开朗基罗用于圣洛伦佐大教堂以及尤里乌斯二世教皇陵墓的建造，巴乌里奇（C.Paolicchi）摄影作品，2005年。

（上图）一艘可能刚完成大理石运输的货船在水牛的牵引下重新下海，1910年，摄影作品。

（下图）1998年在塞拉维扎出土的三根大理石栏其中之一在运输途中，加布里埃拉·摩罗里摄影，1999年。

20世纪50年代的照片，显示从阿尔迪西莫山的一侧运输大理石材的景象。

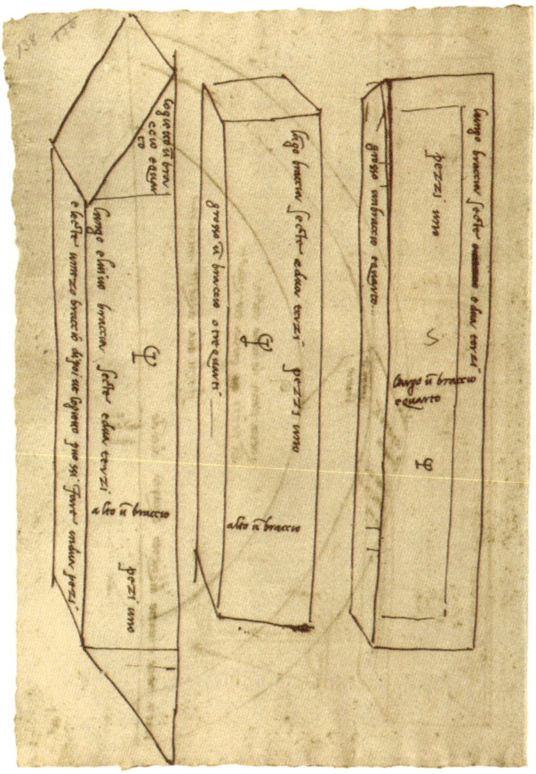

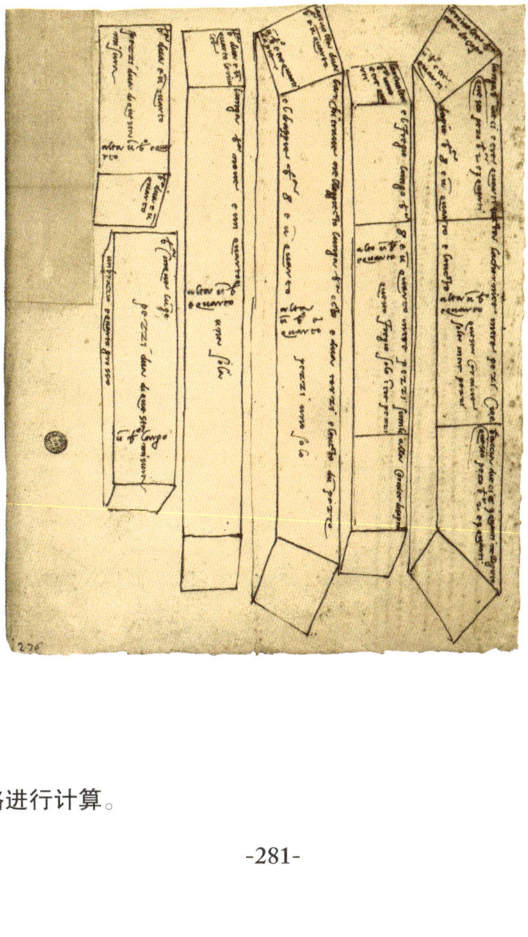

米开朗基罗对大理石的规格进行计算。

素描作品

经由
大英博物馆
佛罗伦萨米开朗基罗故居博物馆
佛罗伦萨乌菲齐博物馆
巴黎香提伊城康德亲王博物馆
巴黎卢浮宫博物馆

许可出版

第285页：
《大卫》的习作以及书法练习
1501—1502年，钢笔，265毫米×188毫米。
巴黎卢浮宫，714r。

第286页：
正在呼喊的堕入地狱的罪人
约1525年，炭笔与钢笔画，298毫米×205毫米。
佛罗伦萨乌菲齐美术馆，美术馆绘画与印刷品收藏室。

第287—288页：
裸体与衣褶的习作
1501-1502年，钢笔画，265毫米×188毫米。
巴黎卢浮宫，巴黎香提伊城康德亲王博物馆，DE 35。

第289页：
裸体男子
1504—1505年(？)，钢笔画，375毫米×195毫米。
巴黎卢浮宫，印刷艺术品部，689r。

第290页：
裸体男子的背部
约1504—1505年，炭笔与钢笔画，409毫米×282毫米。
佛罗伦萨米开朗基罗故居博物馆，73Fr。

第291页：
戴头盔的人(卡诺萨伯爵)的头部以及搏斗的人
约1528—1532年，炭笔画，410毫米×263毫米。
伦敦大英博物馆，1895—9—15—492r。

第292页：
《圣母子》的习作以及“描绘安东尼奥，不要浪费时间”的字样
约1524年，钢笔与炭笔画，396毫米×270毫米。
伦敦大英博物馆，1895—5—14—818r。

第293页：
《基督复活》的习作
约1532—1534年(？)，炭笔画，414毫米×274毫米。
伦敦大英博物馆，1595—9—15—501r。

第294页：
克莱奥帕特拉
约1533—1534年，炭笔画，234毫米×182毫米。
佛罗伦萨米开朗基罗故居博物馆，2Fr。

第295页：
泽诺比娅与头部素描
约1525年(？)，炭笔画，357毫米×252毫米。
佛罗伦萨乌菲齐美术馆，美术馆绘画与印刷品收藏室，598Er。

第296页：
位于普拉托 *(Prato di Ognissanti)* 的工事，习作，局部。
约1528年，红粉笔、钢笔与水笔画，410毫米×568毫米。
佛罗伦萨米开朗基罗故居博物馆，13Ar。

第297页：
菲多城的陷落
约1533年，炭笔画，313毫米×217毫米。
伦敦大英博物馆，1895—9—15—517r。

第298页：
基督与两个盗贼同被钉十字架，习作
1520—1523年(？)，红粉笔画，394毫米×281毫米。
伦敦大英博物馆，1860—6—16—3r。

第299页：
为维多利亚·科隆那所作的基督受难像
约1538—1540年，炭笔画，371毫米×270毫米。
伦敦大英博物馆，1895—9—15—504r。

第300页：
基督受难与圣母玛丽亚和圣约翰，习作
1550—1560年，炭笔画，413毫米×286毫米。
伦敦大英博物馆，1895—9—15—509r。

Davicte cholla from
eio chollarcho
Michelagniolo
Rocte lalta cholonna

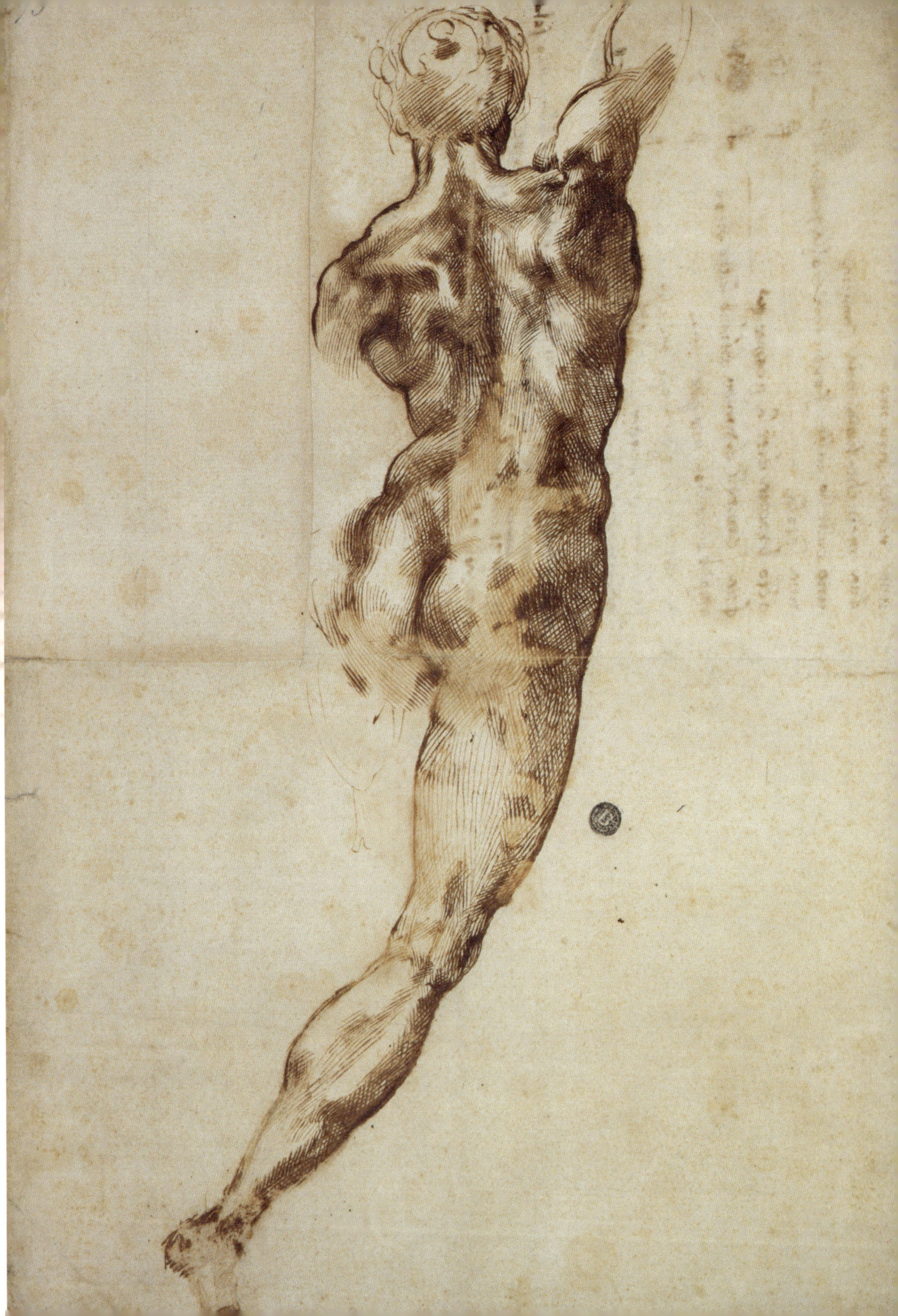

disegnia antonio disegnia antonio
disegnia e no pder tepo

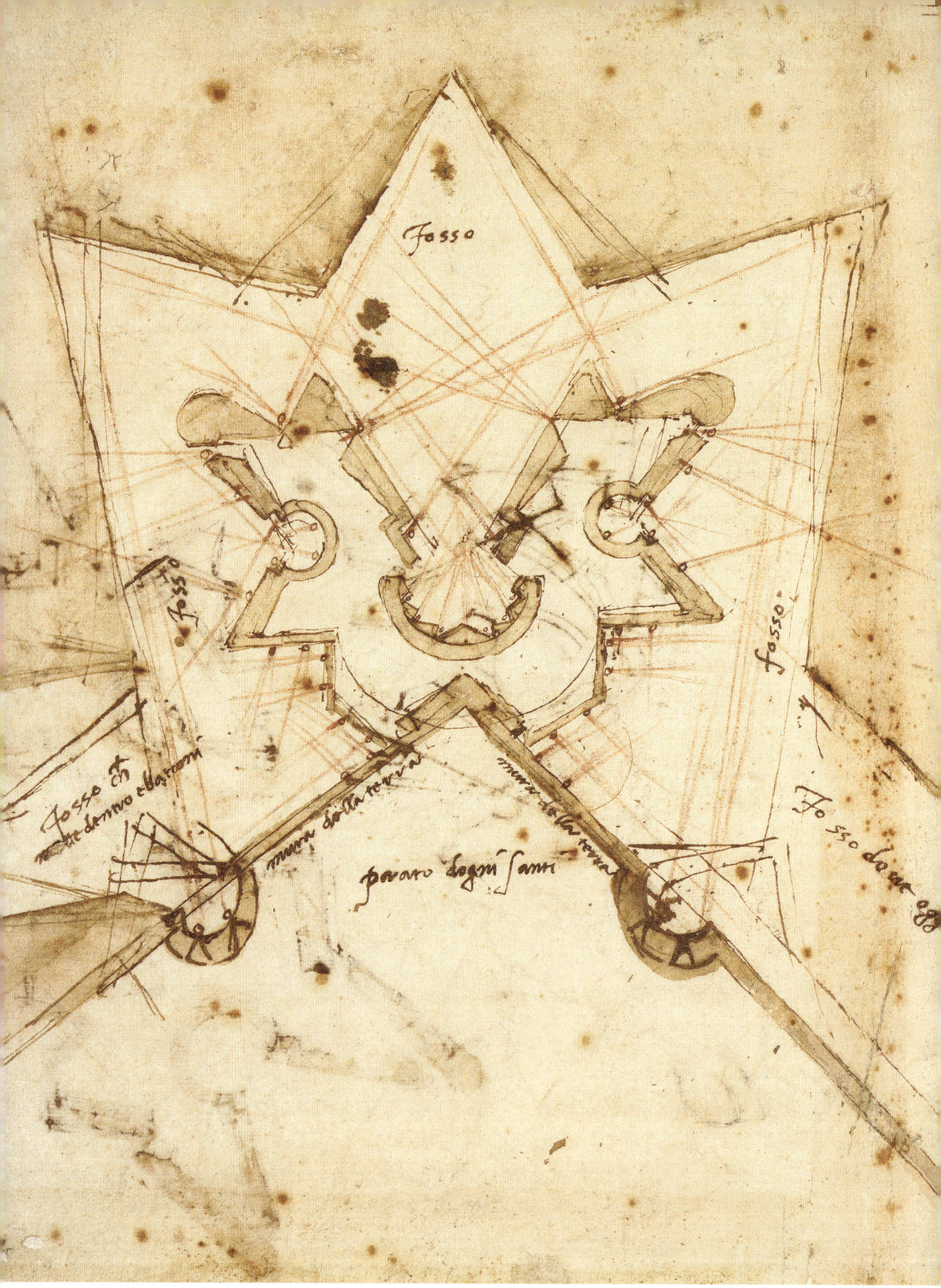
Fosso
Fosso
fosso
muro della terra
muro della terra

诗人米开朗基罗

在文艺复兴时期的意大利，写诗是一种艺术时尚，几乎每一个写作的男子，都会以诗歌慨叹命运或者歌颂爱情。与同时代的天才一样，米开朗基罗在放下刻刀之后，也会以诗作来表达自己的情感与思想。这些诗歌与他的雕塑一样，具有不可言说的艺术魅力，也使雕塑家享有来自文学界的不吝赞美。他的大部分诗歌真诚坦率，大胆直接，不乏对情欲的描写，尤其是在早期诗歌中，风格显得有些粗犷，甚至在某些诗中夹杂了他青年时代难登大雅之堂的鄙语，还有的诗篇因为所使用的短语含义过于晦涩，而陷入了逻辑的迷宫，其真实意义至今难于破解。

一般认为，米开朗基罗的文学才华是在青少年时期的新柏拉图学园的学习中获益的。1489年，他被邀请入住美第奇家族，与洛伦佐·德·美第奇的子女共同生活，一起学习。在那个时候常来洛伦佐别墅的，都不是寻常人等，更何况洛伦佐本人也有着深厚的文学功底，这些都滋养着天才敏感的内心世界。米开朗基罗在美第奇宫生活了四年，直到1492年洛伦佐去世才离开那里。

在这一时期，他浸润在欧洲最为先进的人文主义传统之中，接触了拉丁文诗歌、新柏拉图学说。而他的诗篇，独立于他的造型艺术，是对他个人性格的表现，不仅是人文主义开出的鲜花，更是自己艺术实践的另一面镜子。康第维在传记中这么描述米开朗基罗的文学天赋："他喜欢与博学多才的人交流，也喜欢阅读伟大作家的作品。在众多作家中，他最钦佩但丁，他认为，但丁的作品来自心灵深处，阅读这些文字会使自己十分高兴。有时候他也会创作诗歌，这些诗歌是证明他的洞察力和文学技巧的绝佳证据。不过，这些诗篇都是他为了自娱自乐写的，他并不认为文字工作是自己的专长，总是谦虚地表示自己在这一方面很无知。作为一个虔诚的教徒，他还十分勤奋和认真地阅读《圣经》。"

他的诗篇，不管是无韵诗、抒情诗、情歌，还是十四行诗，都属于彼特拉克新柏拉图主义的风格。诗歌的主题是爱与美，在他的文字中，流淌着对人体之美的颂扬，对极致的原初之美张扬的礼赞。在对美好事物的描绘中，他发现了爱，而这种爱，是使自己的灵魂重返上帝那里的唯一途径。

文艺复兴时期的美术家们认定，美术作

（左页）扎诺比·罗西（Zanobi Rosi）根据克里斯多法诺·阿罗里（Cristofano Allori）的素描绘制，**陷入诗意的沉思的米开朗基罗**，约1621年，佛罗伦萨，米开朗基罗故居博物馆。

品所模仿的，是客观自然的形体，而艺术是启发人们去认识那潜藏在自然中更高的真实的源泉。这种信念将艺术、自然与更高的真实联系在一起。艺术来源于自然，而自然本身，则是更高的真实世界的仿制。柏拉图主义和新柏拉图主义所强调的，正在于我们在体察了真实世界的美之后，还要追求更高的、理性的美。

在新柏拉图主义看来，上帝不可言喻，他是万有的原初，远在一切语言描述之外，如果非要对其进行描述，那么只能说，上帝是良善的，是智慧的，是美的。一切来自上帝的都是可喜的，而理智也同时将美充溢，通过层层传递，美贯穿于所有序列之中，如同从高处将神圣而丰盛的美浇灌在万物之上。根据这种序列等级的安排，越接近上帝就越接近完美，在上的等级比在下的等级更完美。换言之，在新柏拉图主义看来，有形世界的事物因他物而美，而与之相对应的理智世界的美则不需要依存于他物，他因自身而美。那个来自极致的美才是真实的，才是值得追求的。米开朗基罗在其诗中这么写道：

任何一种美，
只要是为了那些有悟性的人看到的，
它就比一切更接近于那种发源于天国的美。
我们的灵魂均来自天国，
我那双如饥似渴寻找美丽事物的双眼，
与我那如饥似渴期待神恩拯救的灵魂，
除了对美好事物的沉思默想之外，
再没有其他办法使自己享受天国的乐趣。

在米开朗基罗眼中，美是发源于天国的，对美好事物的沉思，可以将自己带到神游天国的乐趣中，返归到上帝的本源。美以及对美的热爱，成为他进行艺术创作与世俗生活的指南针，更是其一切艺术创作的指引：

在我的使命中，
美是可依赖的指针，
是我与生俱来的权利，
是我艺术的镜子与明灯，
从相反的角度看，它全然错误。
只有美能提升我们视野的高度，
从那里我开始我的绘画与雕塑，
美激动人心，健康的灵魂因之向天国升腾。
而愚昧阴暗的脑筋看来，
美是低俗色情的——
那病态的双眼不能从凡俗移向神圣，
只是永远陷落在这里，任何上升的念头都只是痴想，
是的！除非，上天格外恩准。

除了对原初的美进行歌颂，米开朗基罗还创作了大量的直接描写人体美的诗作。他

强调自然之美使心灵得到净化,从而使人接近纯粹的美——如果那美沿着爱的路径——从眼睛、心灵到灵魂——一旦进入天国,它就纯洁而神圣,褪尽了尘世的气息。不朽的事物会使别的事物变得不朽,凡俗之物也充满不朽的美。

而具有肉体美的人在精神上也必须是纯洁朴素的,人体美也同样是米开朗基罗诗歌描述的重点,诗人在诗中如此写道:

你的面容比葡萄汁更加甜美,
你的肌肤光亮,如蜗牛的足印走过。
你的脸颊像红萝卜一样秀红,
两排牙齿如黄油煎的甜玉米,
教皇也要将你疯狂迷恋。

在米开朗基罗看来,美是爱的对象,爱因美而产生意义,"因为美使万物回转,推动他们回到自己本身,使他们充满热情洋溢的精力,通过爱召回它们,所以它是爱的对象,引导整个迷狂的队伍迈步前进,激发所有事物因渴望和惊异走向自身"。

爱和美在上帝那里和谐统一,当它们从上帝那里下降到物质世界,在米开朗基罗的诗篇中,它们便得到了和谐的统一。

美好的力量激励我向往天堂,
这样美好的事情世间哪里寻找?
充满生气,我随天使飞奔而去,
得享这尘世中难得的殊誉,
造物主和谐地创造世界,
我的意念变得崇高、神圣,
照耀存在之物的熊熊爱火,
唤起我的思想和语言,
假如,我未能从这双眼转移开,
那么我将再次发现神的启迪,
它向我昭示通向上帝之路。
在它们的火光照耀下我要燃烧,
自豪的火焰,闪耀着甜蜜与光辉,
那时候的天堂中也会充满永恒欢乐的笑声。

他早期的爱情诗歌热情奔放,他挥洒淋漓的才气,肆意歌颂大自然的一切美好事物。他曾经这么描述少女头上的花环:"那花环何其欢乐,在那金色头发之上,朝朝暮暮衣裳都沉湎于愉悦之中,紧身胸衣下裙摆自由飘舞,腰带庄重如祈祷般叹息,'我愿就这样永远搂住她!'"这是对美的容颜、美的肉体的向往的爱情,在米开朗基罗的笔下,是浓墨重彩如梦呓般狂热的表达,犹如同一时期的大理石雕刻,诗句追求均衡的和谐。

康第维这么描述米开朗基罗的爱情:"他爱上了维多利亚·科隆那,他为这个女人的纯洁和高尚所吸引,而维多利亚也深深地为他着迷。米开朗基罗一直保存着她给自己写的信,信中的文字饱含着他们之间的甜蜜与至高无上的感情。他更为自己心爱的人写了许多诗歌。维多利亚曾经多次来罗马，不为别的，只是为了能见到米开朗基罗。我曾经听他说过，在自己的一生中，最痛苦的事情，莫过于维多利亚只是自己生命中的一个过客。他未曾吻过她的额头，只是吻过爱人的手。我曾听他谈论起爱情，据说他眼中的爱情与柏拉图所描写的爱情一样。”

如康第维所言，更多时候，米开朗基罗笔下的爱，是一种脱离尘世的爱，接近于柏拉图的精神恋爱——世间万物的美既然来自上帝，那么对世间美好事物的爱自然也就承载了对上帝的爱。米开朗基罗希望透过美好事物发现上帝的美，“爱给了我纯洁的眼睛，给予你闪耀的光芒，我不能不渴望在那里看见她”，“爱是一种明智而生气勃勃的力量，我的精神因之升华”，“灵魂因为爱的热情而解脱，吸引它投入到爱的闪光核心，你的爱与此相似，灵魂洗涤如黄金一般，重返天国指日可待”。

有关灵魂与肉体(物质)的内容也是米开朗基罗诗歌所描述的重点，它们赋予诗歌更为饱满的生命力，自然物质的美吸引诗人探究纯粹的精神之美。而随着岁月的流逝，在经历了命运的不公，一次次的抗争以后，米开朗基罗转向灵魂的超越。

附：米开朗基罗诗作选

在这里制造刀剑和头盔

作于1497年

佛罗伦萨米开朗基罗档案馆，XIII，十四行诗，f.5r

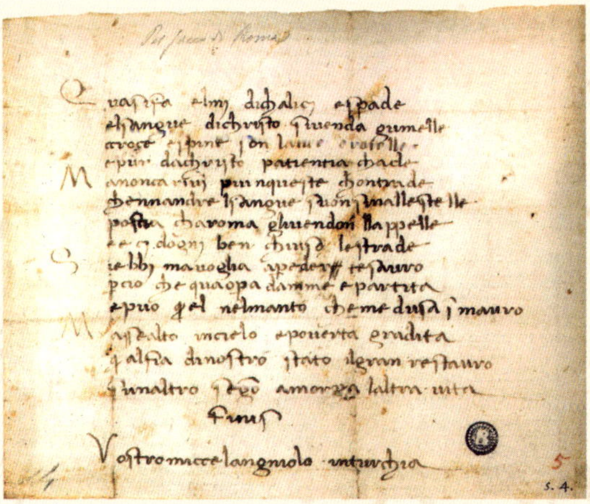

Qua si fa elmi di calici e spade
e 'l sangue di Cristo si vend'a giumelle,
e croce e spine son lance e rotelle,
e pur da Cristo pazienzia cade.

Ma non ci arrivi più 'n queste contrade,
ché n'andre' 'l sangue suo 'nsin alle stelle,
poscia c'a Roma gli vendon la pelle,
e ècci d'ogni ben chiuso le strade.

S'i' ebbi ma' voglia a perder tesauro,
per ciò che qua opra da me è partita,
e può quel nel manto che Medusa in Mauro;

Ma se alto in cielo è povertà gradita,
qual fia di nostro stato il gran restauro,
s'un altro segno ammorza l'altra vita?

Finis

Vostro Miccelangniolo in Turchia

在这里制造刀剑和头盔，战争，
它在吞噬我们的圣餐杯，在这里，
人子的鲜血按斤两卖，十字架和荆棘王冠，
也被铸成长矛和盾牌；基督仍然忍耐；

但是，请基督不要回来，
因为在罗马，罪恶横行，
他的血会迸发飞上星辰，他的皮，
每时每刻，在这里的每条街，都销售兴旺；

在我决心忍受放弃财富，
我来到这里工作，
可现在有人披着斗篷，行美杜莎一般的恶行；

但是在天上，人必不因贫穷而羞愧，
只是我们应如何制止这罪恶的冲动，
不让它阻断我们需要的来生？

米开朗基罗

多么幸福，许多年后……

作于16世纪初
伦敦大英博物馆，Wilde，tavv. 3r. 3v

米开朗基罗在一幅《使徒》的习作背面写下的诗句。该画作中的使徒可能是圣母百花大教堂的圣马太(1503年4月24日),其中还有《卡西那之战》的草图。在诗句旁,是尤里乌斯二世陵寝的装饰草图。

那花环多么快乐！

1507年12月24日后所作

佛罗伦萨米开朗基罗档案馆，XXV，N.18

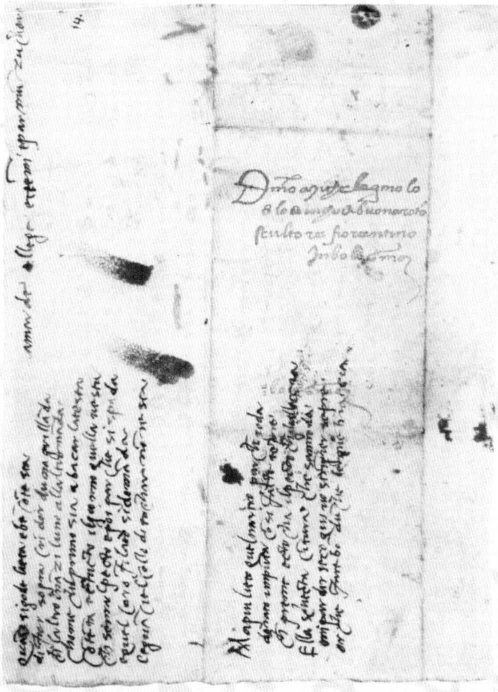

看那花朵排列多么齐整，
看那花环在她的金发中多么欢欣！
她微微前屈，每一朵都争先恐后，
要去亲吻她可爱的额头！

你们多么幸运！被她整日穿在身上，
我们羡慕能与她肌肤之亲，
就看着金色的花边，
抚摸她的面颊和脖颈！

她胸前的缎带最开怀，
镶着金边，还在美人的胸前停摆！
啊！这是怎样甜蜜，似乎在说，
就让我在这里永不与她分开！
来，我也要张开我的双臂，
就做她身上的华美衣裳！

诗篇（选译）

作于15世纪初

伦敦阿什莫林博物馆，编号n.293v

B.
是什么把我带到你身边？
唉！唉！
我纵然自由自在，却如同枷锁中的奴隶！
就算没有锁链，凭你的绝顶聪明，
也能将一切锁住，
一切想要逃离你美丽面容的努力，
只怕也是枉然。

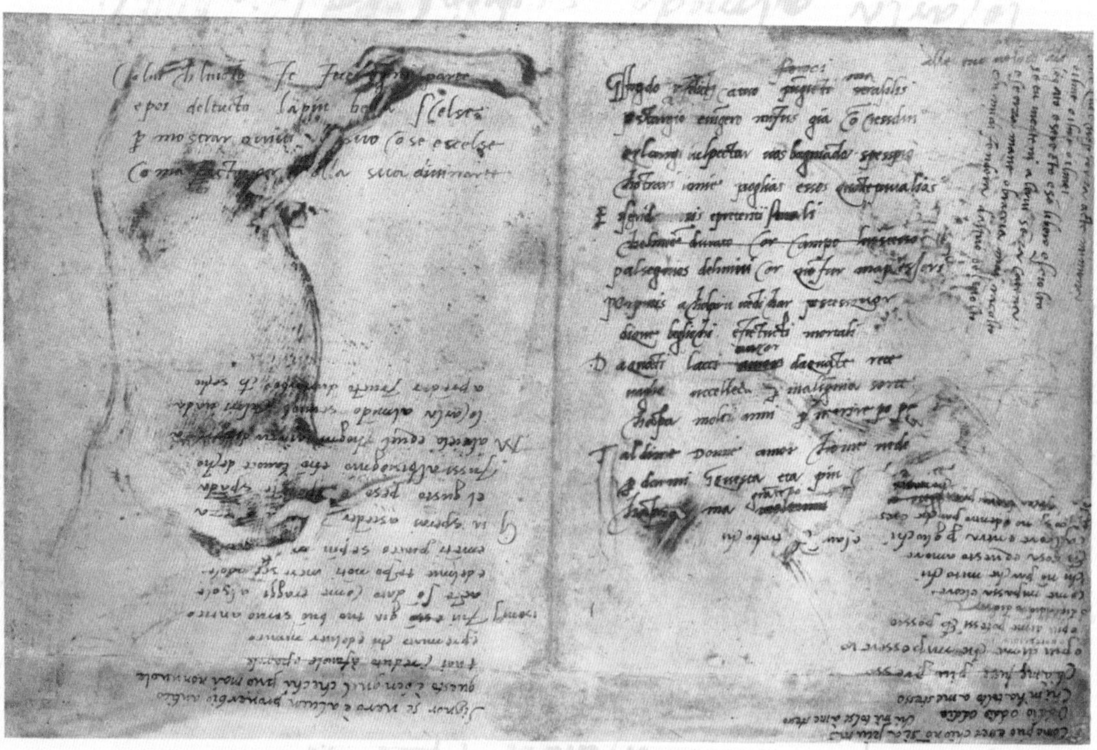

C.

我不再是我！
天哪！这是为什么！
谁夺取了我的自我？
我再怎么努力，却也不及他，
更加靠近我自己！
唉！你触摸不到我的皮囊，
又如何钻进我的心肠？
我的爱人，这究竟是什么？
似乎从眼睛开始搅动、蔓延，
就连血液也要被它点燃！
它在悄悄生长，若有一天变成洪水，
又会如何收场？

我总这么仰着脖子

作于1508—1512年
佛罗伦萨米开朗基罗档案馆，XIII，十四行诗，f. 6r

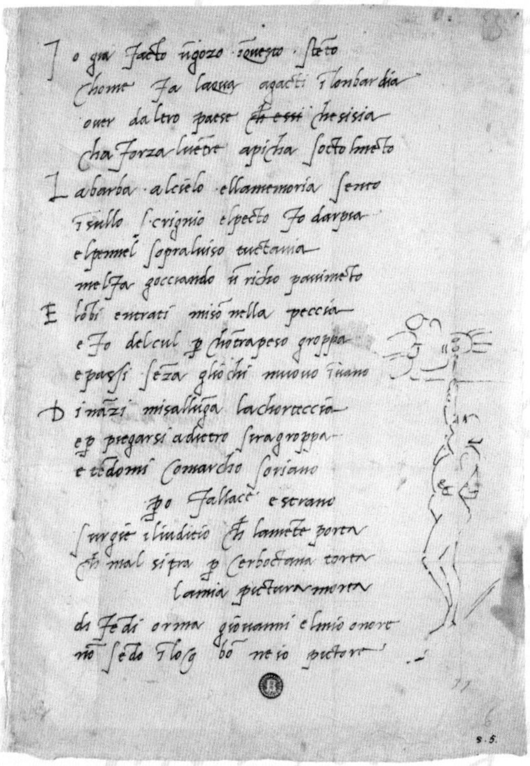

我总这么仰着脖子，似乎得了大脖子病，
就像那些到伦巴底的猫，
喝多了腐臭的河水，
我的下巴牵引着肚子，没个正常的模样，
我的胡子向着天，我的头颅弯曲向着肩，
胸部如一只贪婪的枭，
画笔上滴下的颜料在我的脸上形成拜占庭的镶嵌地板，
我的肚子和大腿紧紧纠缠，多谢上帝，
我还能挪动屁股作身体的重心，
我的腰缩向腹部的位置，臀部变成秤星，
压平我全身的重量，我再也看不清楚了，
走路摸索，踉踉跄跄。
我的皮肉在前身拉长，在后背缩短，仿佛是一张弓，
请不要见怪，我一开口便是胡言乱语，
来吧，煽动我的自尊，
我可怜的绘画！须知我不是干这一行的！
他们把谁叫作画家？我？
不不不！他们找错人了！

我活在罪里

作于1525年10月8日后

佛罗伦萨米开朗基罗档案馆，抒情诗第697首

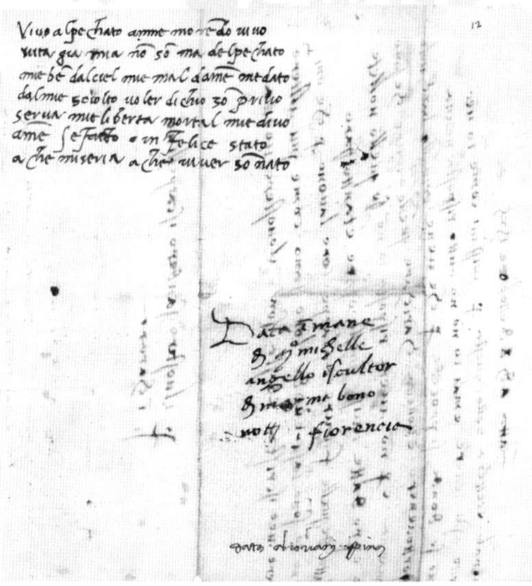

我生活在罪里，
活着，只是在慢慢死去；
我若有良善，皆来自上天的恩赐；
我实有罪过，分毫皆是我造就；
在罪里活着，我已失去意志。

我的自由沦为奴隶，速朽是我的本分，
啊！这是多么可悲！
生而为人，我却陷入何等凄惨的命途！

我的生命在你

作于1518—1526年

佛罗伦萨米开朗基罗档案馆，XIII，十四行诗，f.48

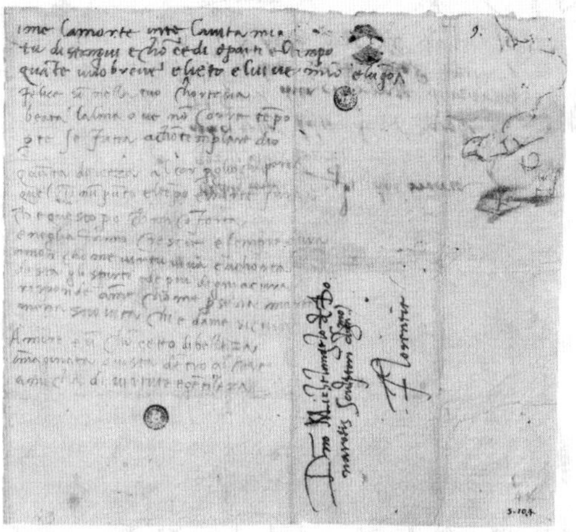

死亡在我，我的生命，在你，

你摧毁我的时间。

爱是一个概念，

它与想象中的美相联，

美德和温情与它做伴，

只有在心里才能看见。

我的爱人，你拥有不朽的美丽

作于16世纪20年代
佛罗伦萨米开朗基罗档案馆，XIII，十四行诗，f.54

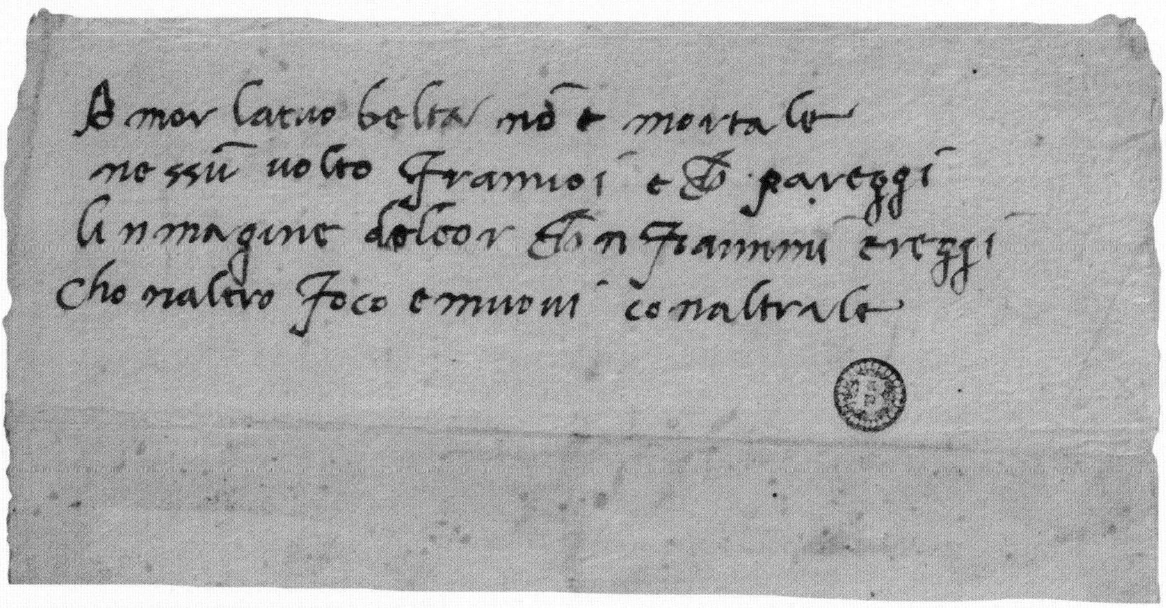

我的爱人，
你拥有不朽的美丽，
没有面庞可以比得上心的想象，
是与众不同的火焰将她照亮，
是无人能及的翅膀载她翱翔。

如果时间磨灭一切的美

作于1527年之前

如果时间磨灭一切的美，
那么，她的美又能留下几分？
她的美名，恐怕也要随风逝去，
飞逝、消逝，任谁也无法阻拦，
或多或少……

真理的路上没有真理，只有对真理的想象

作于约1527年
伦敦大英博物馆，Add.Ms.23228，c.9/–

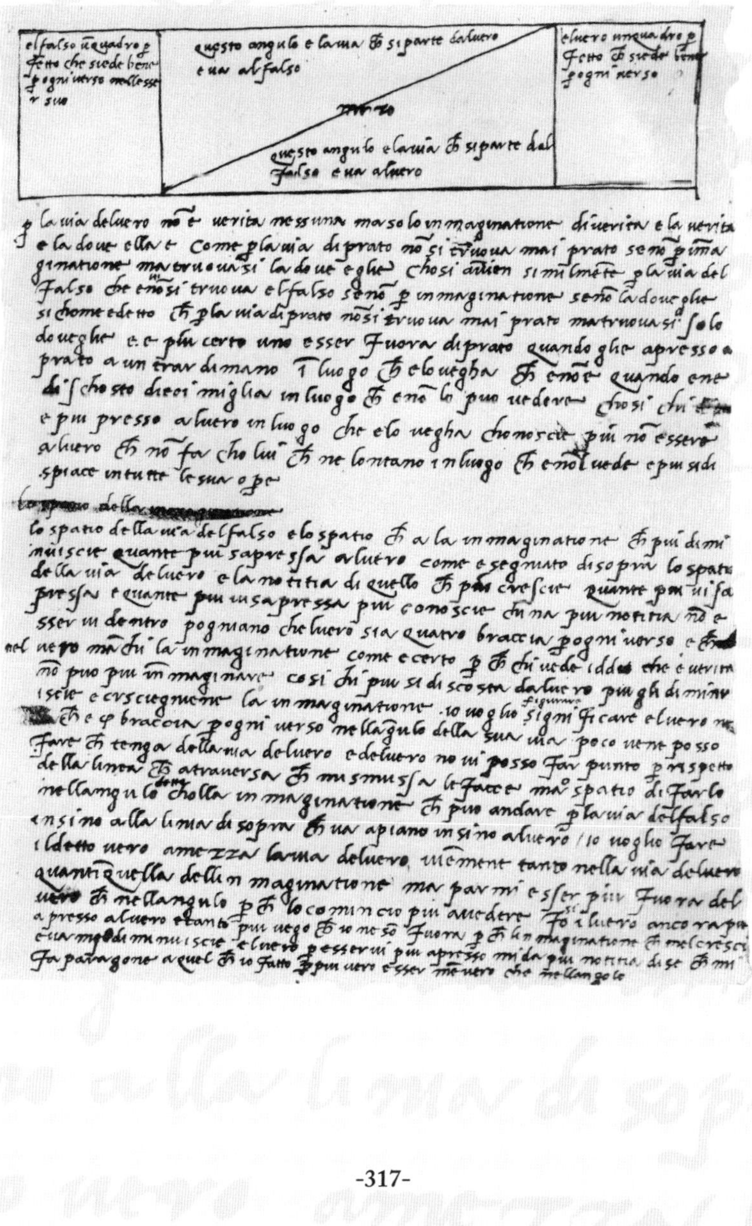

最好的艺术家

十四行诗

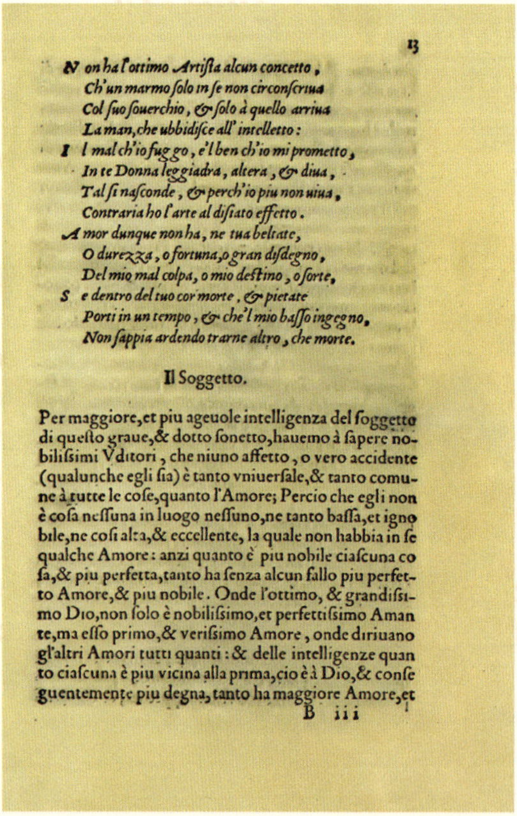

13

Non ha l'ottimo Artista alcun concetto,
Ch'un marmo solo in se non circonscriua
Col suo souerchio, & solo à quello arriua
La man, che ubbidisce all' intelletto:
Il mal ch'io fuggo, e'l ben ch'io mi prometto,
In te Donna leggiadra, altera, & diua,
Tal si nasconde, & perch'io piu non uiua,
Contraria ho l'arte al disiato effetto.
Amor dunque non ha, ne tua beltate,
O durezza, o fortuna, o gran disdegno,
Del mio mal colpa, o mio destino, o sorte,
Se dentro del tuo cor morte, & pietate
Porti in un tempo, & che'l mio basso ingegno,
Non sappia ardendo trarne altro, che morte.

Il Soggetto.

Per maggiore, et piu ageuole intelligenza del soggetto di questo graue, & dotto sonetto, hauemo à sapere nobilissimi Vditori, che niuno affetto, o vero accidente (qualunche egli sia) è tanto vniuersale, & tanto comune à tutte le cose, quanto l'Amore; Percio che egli non è cosa nessuna in luogo nessuno, ne tanto bassa, et ignobile, ne cosi alta, & eccellente, la quale non habbia in se qualche Amore: anzi quanto è piu nobile ciascuna cosa, & piu perfetta, tanto ha senza alcun fallo piu perfetto Amore, & piu nobile. Onde l'ottimo, & grandissimo Dio, non solo è nobilissimo, et perfettissimo Amante, ma esso primo, & verissimo Amore, onde diriuano gl'altri Amori tutti quanti: & delle intelligenze quanto ciascuna è piu vicina alla prima, cio è à Dio, & consequentemente piu degna, tanto ha maggiore Amore, et

B iii

最好的艺术家，他的任何一个概念，
都藏在粗糙的大理石中，
双手只有服从智慧，
方能将这个概念从石料中释放。

女人，你空虚而充满神性，
我所逃避的恶，我所向往的善，
都在你身上隐藏，令我痛苦，
与我的艺术所期待的正相反。

我不能谴责命运，更不能污蔑你的美，
你的心中有悲悯，同时想到死亡，
我的心智低微，尽管烈焰正旺，
却只能诱引绝望。

我不知道这是否是我想要的光

作于约1541年
佛罗伦萨米开朗基罗档案馆，XIII，十四行诗，f.24

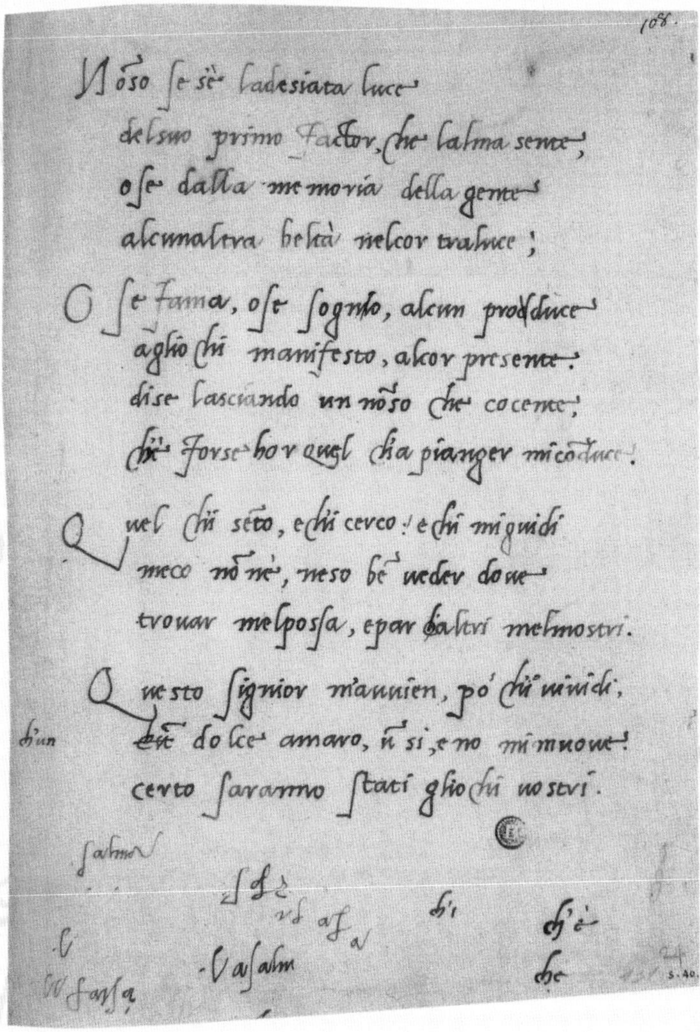
Nõ so se s'è la desiata luce
del suo primo Factor, che l'alma sente;
o se dalla memoria della gente
alcun'altra beltà nel cor traluce;

O se fama, o se sogno, alcun prodduce
agli ochi manifesto, al cor presente:
di se lasciando un nõ so che cocente;
ch'è forse hor quel ch'a pianger mi coduce.

Quel ch'i' sento, e ch'i' cerco: e chi mi guidi
meco nõ n'è, ne so bè veder dove
trovar mel possa, e par ch'altri mel mostri.

Questo signior m'avvien, pò ch'i' vi vidi,
ch'è dolce amaro, ū sì, e no mi muove:
certo saranno stati gli ochi vostri.

夫人，我不值得

约作于1541年
佛罗伦萨米开朗基罗档案馆，XIII，十四行诗，f.9

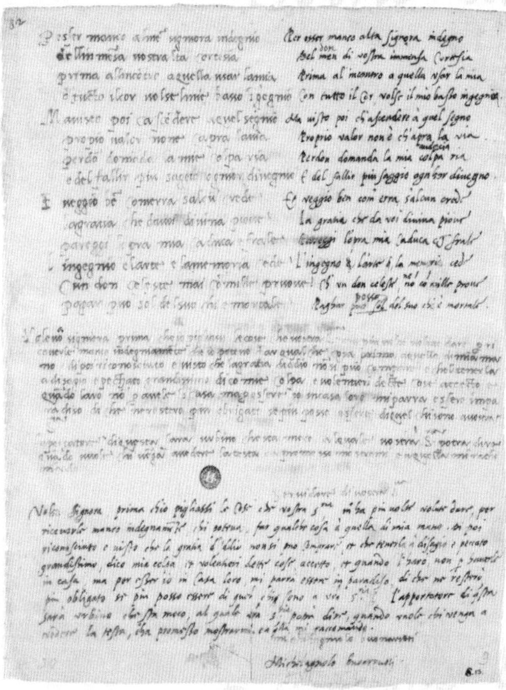

高贵的夫人，
你的仁慈与善意浩大无边，
我无数次想要努力与之相配，
愚拙如我，我一直在尽力寻找，
感恩报答你的办法，
我深知自己的低微，
无法达到你无限完美的项背。
我只好鼓起足够的勇气，
请求你再次谅解我的渺小与自卑。

不是金，也不是银

作于1544—1546年
佛罗伦萨米开朗基罗档案馆，XIII，情歌，f.11

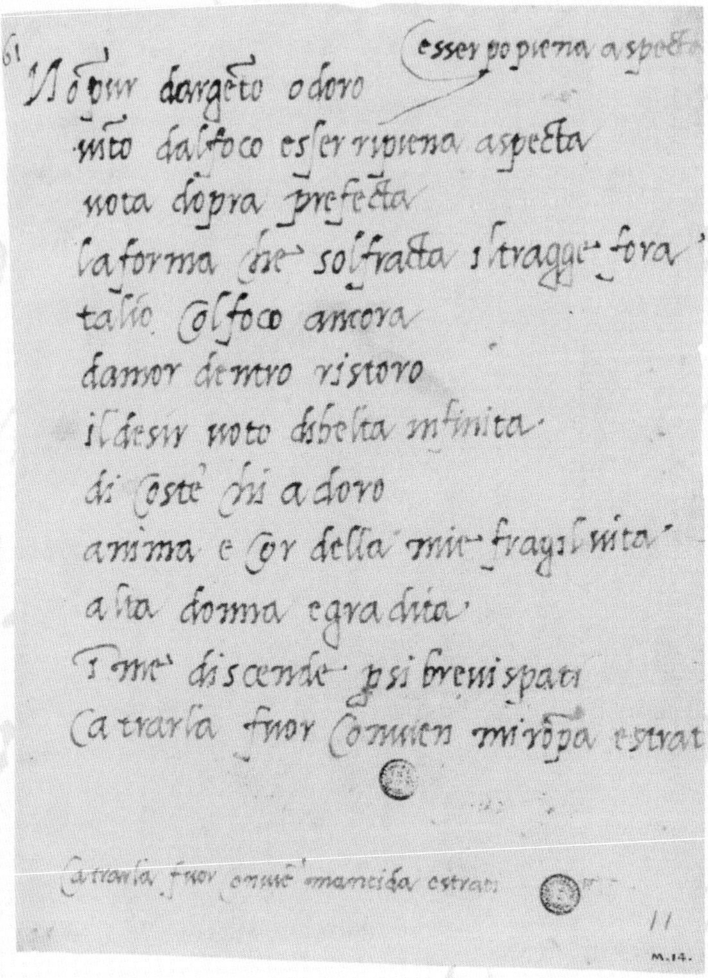

如果高贵的内心能呈现高贵的外表

作于1544—1546年
佛罗伦萨米开朗基罗档案馆XIII，情歌，f.7

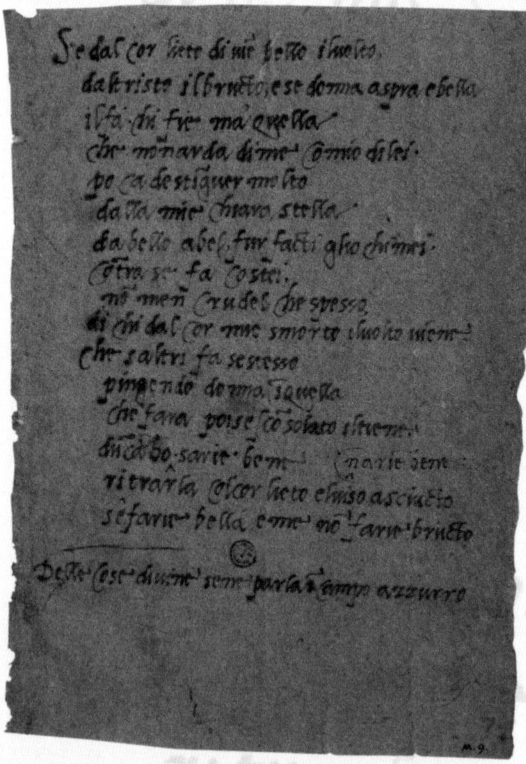

如果高贵的内心能呈现出高贵的外表，
邪恶的内心催生丑陋的面貌，
仁慈的思想，在你的额头上显现美好的品质
……

在巨大仁慈的甜蜜之中

作于1544—1545年
佛罗伦萨米开朗基罗档案馆，XIII，十四行诗，f.7

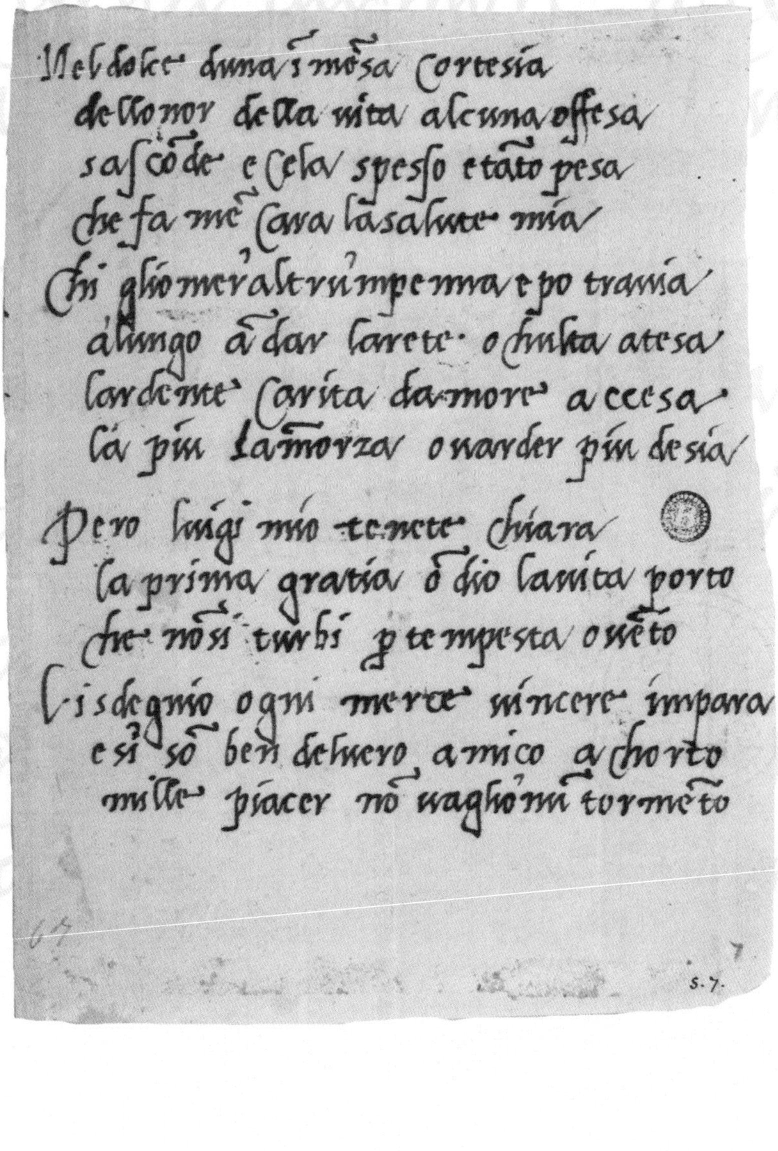
Nel dolce duna imēsa cortesia
dellonor della vita alcuna offesa
sascōde e cela spesso e tāto pesa
che fa mē cara la salute mia
Chi gliomeraltru impenna e po trauia
a lungo a dar larete o chulta atesa
lardente carita damore accesa
la piu lamorza ouarder piu desia

Pero luigi mio tenete chiara
la prima gratia ōdio la uita porto
che nō si turbi p tempesta o uēto
Lisdegnio ogni merce uincere impara
e si so ben del uero amico achorto
mille piacer nō uaghon un tormēto

s. 7.

致路易吉·里奇奥的信

作于1544—1545年
佛罗伦萨米开朗基罗档案馆，V. N.90

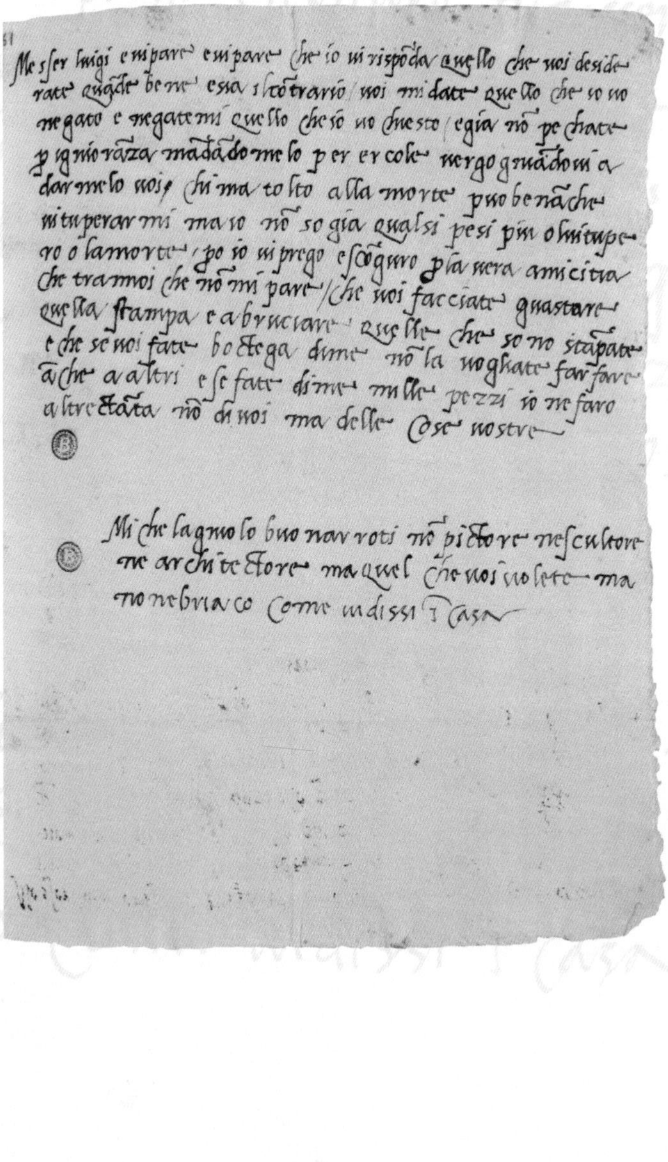
Messer luigi e mi pare e mi pare che io vi rispōda quello che voi deside-
rate quāde bene esia i scōtrario voi mi date quello che io no
negato e negatemi quello che io no chiesto / e già nō pechate
p ignioranza madādomelo per ercole vergognādomi a
darmelo voi; chi ma tolto alla morte puo bene āche
vituperarmi ma io nō so gia qual si pesi piu o il vitupe-
ro o la morte / po io vi prego e scōguro p la vera amicitia
che tra noi che nō mi pare / che voi facciate guastare
quella stampa e abruciare quelle che sono stāpate
e che se voi fate bottega di me nō la vogliate far fare
āche a altri e se fate di me mille pezzi io ne farò
altre tāta nō di voi ma delle cose vostre

Michelagniolo buonarroti nō pictore ne scultore
ne architectore ma quel che voi volete ma
nō nebriaco come vi dissi i casa

世界的寓言，吹散了

作于1555年5月11日，米开朗基罗致信给瓦萨里的当天

阿雷佐瓦萨里故居

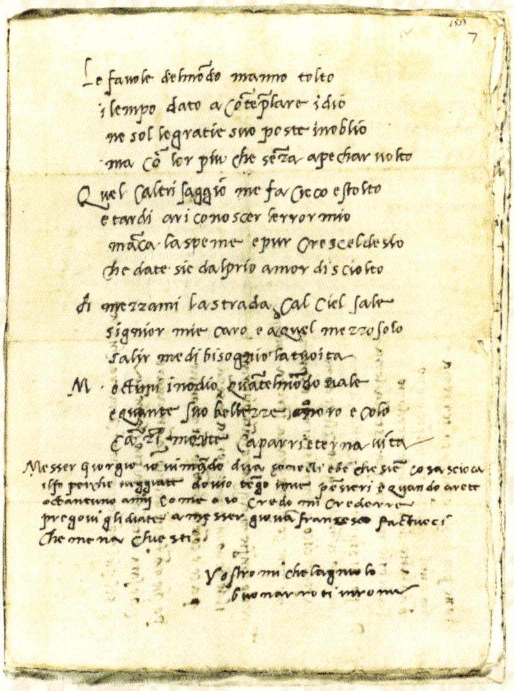

世界的寓言，像飞驰的疾风，
吹散了我该认识上帝的时间，
我不仅忘记了他对我曾经多么慈祥，
还让自己陷入了深深的泥潭。

那启迪他人的，反而让我蒙昧，
我感觉不到我血脉跳动的欲念，
我已经没有任何希望，只是我的内心，
已对自爱感到厌烦。

把向你攀岩的路去掉一半，
即使勉强走完，啊，上帝，
在勉强奋力中，我也需要你的支持！
让我对世人眼中的伟大感到厌倦！
厌倦我依然十分注重的尘世，
好让我在死亡来临时获得永恒的生命！

我生命的旅程

1552年10月4日后创作
梵蒂冈使徒图书馆，编号Vat. Lat. 3211，ff. XCV，r.e.v

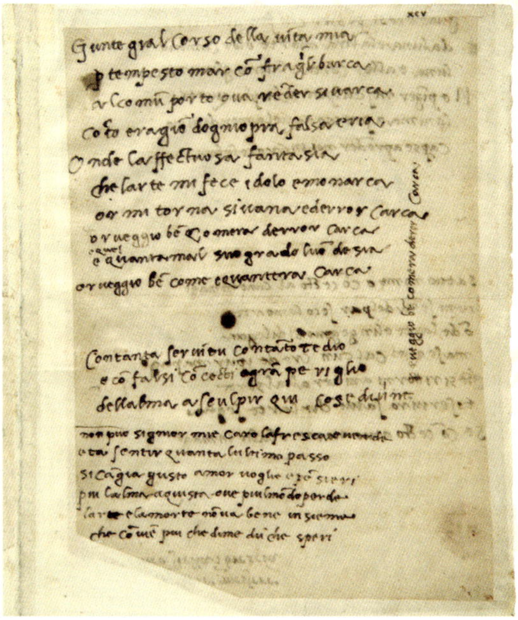

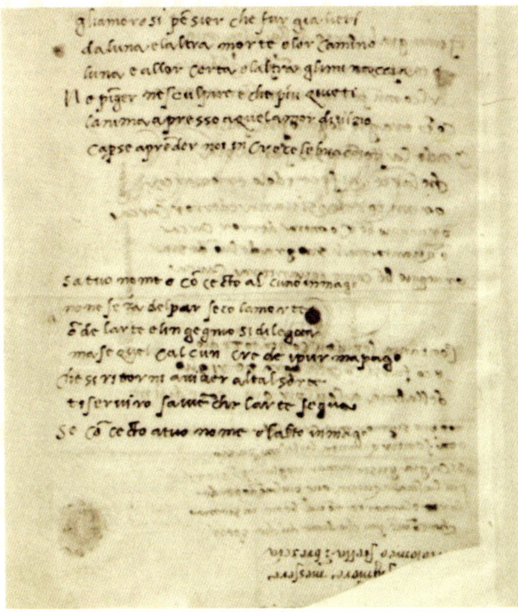

我短促的生命行将终结，
在历经大海的波涛汹涌后，我，扁舟一叶，
来到了人类共有的港口，人人都要在这里，
总结自己的一生，无论好坏。

啊！到现在我才明白，我的艺术，
生硬、愚蠢，远离了它真正的源头。
我曾将艺术视为偶像，当作君王，
只是艺术带给我的，
只有无法补救的悔恨。

光明的爱情向往，那是多么的愉快！
我面临的两种死亡，前景又在何方？
第一种我确信，第二种我恐惧。
绘画与雕塑再不能抚慰我不安的灵魂，
它转向了神性的爱，爱，
在十字架上淌血，再次将我们紧紧拥抱。

死亡必将到来，只是不知何时

这是米开朗基罗晚年最后几首十四行诗之一
梵蒂冈使徒图书馆，Vat. Lat, 3211, f. LXXVIr

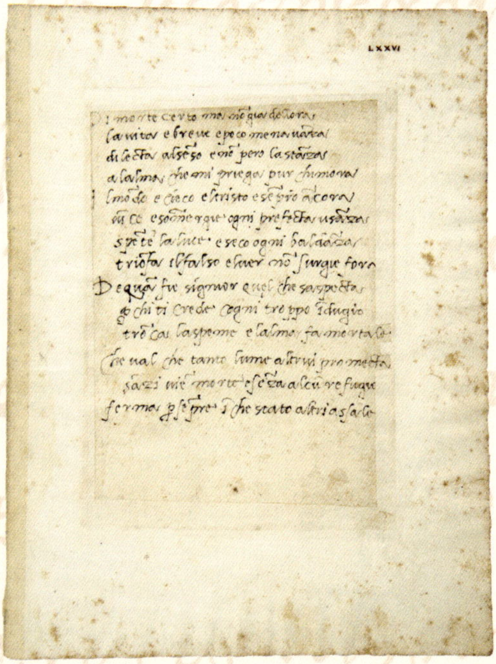

我的来日无多，我的心下明白，
大地与感官做伴，与我为敌，
声声催促我快快离开这个世界。

这个世界是盲目的，邪行，
战胜了爱与贞洁，不过，
死神嘴脸蛮横，脚步却很轻盈，
真理已被抛弃，谎言已经得胜。

主啊！你的国何时才能够，
让深信你的人心安？
过多的推延，隔断了我们的希望，
灵魂也感到恐慌。这究竟是为何？
我们的黑夜竟然做出光明的许诺？
死亡来得更快，他俘获所有人，
我们远离了你，倒下，最终，死去。

附录　米开朗基罗年表

1475年

米开朗基罗出生于意大利佛罗伦萨附近的卡普莱塞，这一年，达·芬奇23岁。

1477年，2岁

西斯廷教堂开始建造。

1479年，4岁

西班牙王国成立。

1481年，6岁

母亲弗朗切斯卡去世。

1483年，8岁

拉斐尔出生于乌尔比诺。同年8月，西斯廷礼拜堂完工。

1488年，13岁

进入吉兰达约的画室学习。

1489年，14岁

离开吉兰达约的画室，进入圣马可修道院的艺术学校，开始学习雕塑，结识了洛伦佐·德·美第奇。

（上图）弗朗切斯科·弗利尼（Francesco Furini），**米开朗基罗的母亲从马上跌落**，1627—1628年，佛罗伦萨米开朗基罗故居博物馆。

1475
6 marzo

26

Copia del tempo di michelagnelo buonarotj lauato delle ricordanze di lodo
uico suo padr da car^na

Ricordo come ogi questo di 6 di marzo 1474 – minacque un fanciulo
mastio po sigli nome michelagnelo et nacque in lunedj matina inanzj
di 4 o 5 ore et nacquemj essendo io potesta di caprese et a caprese
nacque e copari furno questj di sotto nominatj batezossj a dj 8 detto
nella chiesa di s.to giouannj di caprese questj sono e coparj

Don daniello di S buona guida da firenze rettor di s.to giouannj di caprese
Don andrea di ... da poppi rettor della badia di diariano
Giouannj di naurij da da caprese
Jac.o di franc.o da casurio
Marco di giorgio da caprese
Giouannj di biaggio da caprese
Andrea di biaggio da caprese
franc.o di jac.o del anduino da caprese
S bart.o di santj del lanse nottaro –

Nota che a dj 6 di marzo 1474 e alla fiorentina ab incar.ne et alla
romana ab natiuitate e 1475 –

26

1490年，15岁

创作《梯边圣母》。

1491年，16岁

创作《半人马之战》。

1492年，17岁

应邀制作《基督受难》，听萨沃纳罗拉传教；哥伦布于当年发现新大陆。洛伦佐·德·美第奇去世。亚历山大六世继任教皇。

1493年，18岁

完成木雕——《十字架上的基督》。

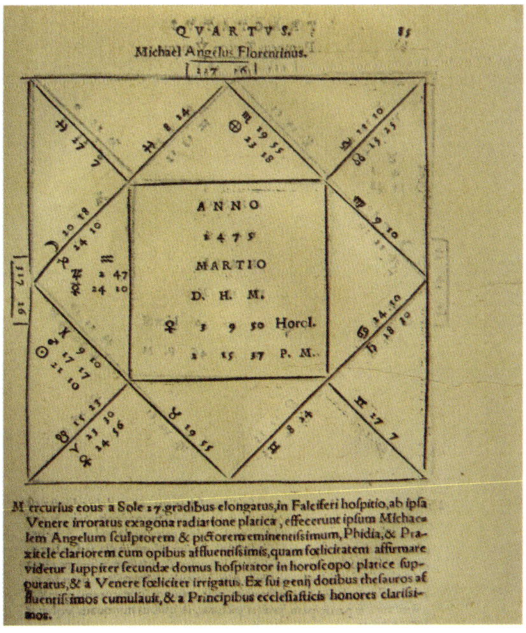

（左页）**米开朗基罗出生的回忆**，佛罗伦萨米开朗基罗故居博物馆。

（上图）卢卡·卡乌里科（Luca Gaurico），**米开朗基罗的星相**，威尼斯，1552年，罗马天文台古图书馆。

1494年，19岁

当年10月，离开佛罗伦萨，逃亡威尼斯和博洛尼亚。创作圣多明我教堂的天使、《圣普罗库鲁斯》等。法国国王查理八世入侵意大利，进入佛罗伦萨，萨沃纳罗拉的佛罗伦萨共和国宣告成立。

1495年，20岁

11月回到佛罗伦萨，会见达·芬奇。

1496年，21岁

前往罗马。

1497年，22岁

为罗马名流雅各布·加里创作《酒神巴克斯》。

1498年，23岁

受法国红衣主教拉格诺拉斯之请，为教廷创作《圣母哀悼基督》。5月12日，萨沃纳罗拉被处以火刑。达·芬奇在米兰完成《最后的晚餐》。

1500年，25岁

完成梵蒂冈的《圣母哀悼基督》。

1501年，26岁

回到佛罗伦萨。此时的佛罗伦萨已经成立共和国。完成《布鲁日的圣母子》，受佛罗伦萨委托，创作《大卫》。

1503年，28岁

创作《圣家庭》、塔代伊圆形浮雕、皮蒂圆形浮雕。尤里乌斯二世继任教皇。

1504年，29岁

《大卫》创作完成，被安放在佛罗伦萨中心广场。受索德里尼委托，在500人大厅创作《卡西那之战》，未完成。

1505年，30岁

前往罗马，接受教皇尤里乌斯二世委托，为其修建陵寝。前往卡拉拉采掘大理石作为陵寝的石碑之用。

1506年，31岁

尤里乌斯二世取消陵寝的建造计划，请米开朗基罗绘制西斯廷礼拜堂穹顶。4月，米开朗基罗坚辞不就，怒而离开罗马。11月，在博洛尼亚与教皇和解。布拉曼特着手重建圣彼得大教堂，古希腊群雕《拉奥孔》在罗马重见天日。

1508年，33岁

3月，在博洛尼亚完成尤里乌斯像，回到罗马。5月10日，开始创作西斯廷穹顶壁画。

1512年，37岁

11月1日，完成了西斯廷礼拜堂穹顶壁画，回到佛罗伦萨。

1513年，38岁

再次前往罗马，签订教皇尤里乌斯二世陵寝工程的第二次合同，计划大幅缩小，着手《摩西》《奴隶群像》的雕刻。2月，尤里乌斯去世，乔万尼·德·美第奇继任教皇，即利奥十世。

1516年，41岁

尤里乌斯二世陵寝工程第三次签约。利奥十世委任米开朗基罗建造圣洛伦佐大教堂的正面。同年，为尤里乌斯二世的陵寝所雕塑的《摩西》完成。

1517年，42岁

圣洛伦佐大教堂正面的木质雏形完成，送至罗马。9月，米开朗基罗病重，宗教改革开始。

1518年，43岁

1月19日，签订佛罗伦萨圣洛伦佐大教堂正立面修建的合约，前往卡拉拉采石场采石。

1519年，44岁

开始为美第奇家族修建墓地教堂，这一工程断断续续持续了15年，同时继续尤里乌斯二世陵寝的修建。这一年5月2日，达·芬奇去世，终年67岁。

1520年,45岁

利奥十世解除圣洛伦佐大教堂正立面的合同,米开朗基罗继而主要进行美第奇教堂雕塑的创作。4月6日,拉斐尔去世,终年37岁。

1521年,46岁

开始圣洛伦佐大教堂旁边美第奇家族陵寝的修建,年底,重病。

1522年,47岁

11月19日,朱力亚诺·德·美第奇即位,为克莱芒七世。

1523年,48岁

制作《圣母子》。

1524年,49岁

创作《河神》,设计美第奇家族的圣洛伦佐图书馆。

1525年,50岁

美第奇家族的寓意雕像《暮》完成。

1526年,51岁

《晨》创作完成。神圣罗马帝国皇帝查理五世入侵意大利。

1527年,52岁

罗马发生战争。美第奇家族被迫流亡,米开朗基罗返回佛罗伦萨。英国亨利八世因离婚问题与教廷对立。

1528年,53岁

弟弟博纳罗托去世。

1529年,54岁

1月,被任命为军事九人委员会成员。9月逃亡威尼斯。两年后回到佛罗伦萨。

1530年,55岁

创作《抽箭的阿波罗》,回到美第奇教堂进行雕刻。美第奇家族复辟。

1531年,56岁

创作《夜》。父亲路德维科去世。

1532年,57岁

尤里乌斯二世陵寝的第四次合约签订。米开朗基罗结识托马索·卡瓦切利。

1533年,58岁

《胜利之神》完成。克莱芒七世委托米开朗基罗制作《末日审判》。

1534年,59岁

教皇克莱芒七世去世，10月,保罗三世即位。米开朗基罗完成美第奇家族墓地的建造工程。

1535年,60岁

9月,开始绘制《末日审判》,并开始与维多利亚·科隆那交往。

1541年,66岁

8月20日,最后一次签订关于尤里乌斯二世教皇陵寝的合同。

1544年,69岁

重病。

1545年,70岁

尤里乌斯二世陵寝碑刻完成。《圣保罗的归宗》完成。

1546年,71岁

1月,病重。将雕塑《奴隶》和法尔耐赛宫檐壁装饰赠与斯特罗奇家族,并开始着手创作《圣彼得的磔刑》。

1547年,72岁

保罗三世任命米开朗基罗为重建圣彼得大教堂的总建筑师。弟弟西蒙内去世。维多利亚·科隆那去世。

乔万尼·比利沃特(Giovanni Bilivert)作品，**突厥的使臣邀请米开朗基罗前往君士坦丁堡**，1616—1620年，佛罗伦萨米开朗基罗故居博物馆。

1550年,75岁

完成《圣彼得的磔刑》。

1559年,84岁

着手创作《隆达尼尼的圣母哀悼基督》。

1560年,85岁

设计罗马城门——庇亚门(Porta Pia)。

1564年,89岁

2月18日,离开人世,终年89岁。死前数日,仍在雕刻《隆达尼尼的圣母哀悼基督》。7月14日,世人在佛罗伦萨圣洛伦佐大教堂为其举行葬礼。

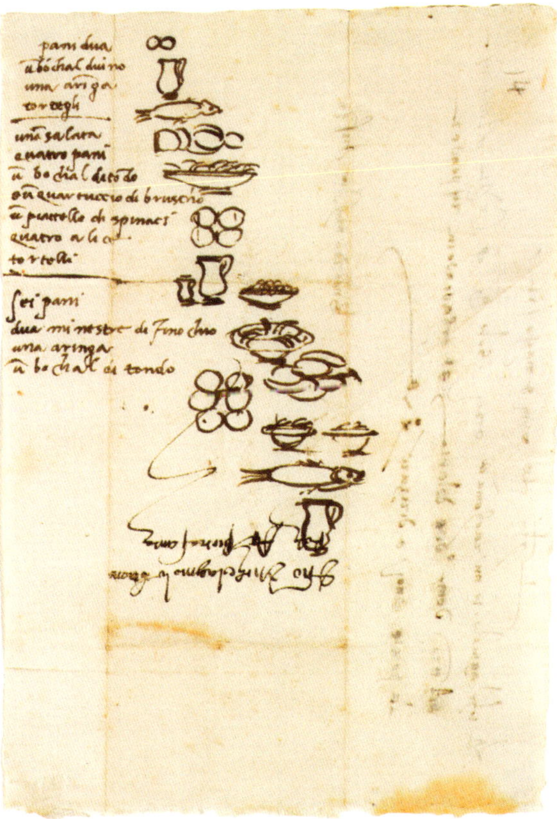

博尔纳多·尼科里尼(Bernardo Niccolini)于1518年3月18日在佛罗伦萨**写给米开朗基罗的信**,信的背面他描述了各种食物并附图。佛罗伦萨米开朗基罗档案馆。

西吉斯蒙多·凡迪（Sigismondo Fanti），**命运的凯旋**，威尼斯，1527年，扉页，左下角为米开朗基罗。费拉拉市立图书馆。

弗朗西斯科·德·霍兰(Francisco de Hollanda),
米开朗基罗的肖像,1538年后作品,马德里,埃斯科里亚尔修道院。

N° 341 · Q.re S.to + 6.mo Lid nero

Michelagnolo [illegible] di lionardo [illegible] simone [illegible] la decima 1498 [illegible] simone [illegible] detto 353

Sustanze

Uno podere [illegible] Sancta Maria a Settignano [illegible] chasa da signore e lavoratore [illegible] 32 — fl. 32 —

Beni acquistati [illegible]

Uno podere [illegible] lavoratore [illegible] Sancto Stefano [illegible] luogho detto [illegible] fl. 34 · 8 — fl. 34 · 8

Uno podere [illegible] Sancta Maria a Settignano [illegible] 1506 [illegible] 1510 [illegible] fl. 5 · 15 — fl. 5 · 15

Una casa [illegible] fl. —

[illegible] 1507 [illegible] 1508 [illegible] fl. 21 · 6 — fl. 93 · 9 — fl. 21 · 6

41

[illegible] 1512 [illegible] fl. 3 · 16 — fl. 3 · 16

Uno podere [illegible] Sancta Maria a Settignano [illegible] 1515 [illegible] fl. 16 · 9 — fl. 16 · 8 · 9

Uno podere [illegible] 1512 [illegible] 1516 [illegible] — fl. 42 · 14

[illegible] Sancta Maria a Settignano [illegible] 1520 [illegible] fl. 2 · 8 — fl. 2 · 8

Uno podere [illegible] 1533 [illegible] fl. 29 · 8 — fl. 94 · 14 · 3 — fl. 29 · 8

Una casa [illegible] 357 [illegible] 1525 [illegible] fl. 28 · 11 — fl. 28 · 11

[illegible] 1518 [illegible]

Soma [illegible] — fl. 93 · 9
Soma [illegible] — fl. 94 · 14 · 3
Soma [illegible] — fl. 28 · 11
fl. 216 · 14 · 3

Soma [illegible] — fl. 18 · 1 · 2

Addì 31 di maggio 1539 [illegible] — fl. — · 3 · 2

Addì [illegible] d'aprile 1542 [illegible] fl. 2 · 17 [illegible] n° 6 — fl. 2 · 17 · 4

Addì 15 [illegible] 1542 [illegible] fl. 4 · 4 [illegible] n° 37 — fl. — · 4 · 4

Addì [illegible] 1542 [illegible] fl. 6 · 15 · 8 [illegible] n° 101 — fl. 6 · 15 · 8

Addì [illegible] 1543 [illegible] fl. 1 · 9 [illegible] n° 132 — fl. 1 · 9 — 28 · 7 · 2

Addì [illegible] 1556 fl. 2 · 12 · 10 [illegible] n° 202 — fl. 2 · 12 · 10

Addì [illegible] 1558 fl. 1 · 10 [illegible] 149 — fl. 1 · 10

Addì detto fl. 1 · 6 [illegible] 172 — fl. 1 · 6 — 31 · 3 · 4

31 · 3 · 4
7 · 7 · 3
23 · 16 · 1

42

Michelagnolo Buonarroti [illegible] per beni alienati [illegible]

Addì 30 d'aprile 1539 abbattesi fl. 4 · 3 · 1 [illegible] Piero degli Ufficiali [illegible] scritta in filza [illegible] n° 135 — fl. 4 · 3 · 1

Addì [illegible] di maggio 1539 abbattesi fl. 2 · 17 · 4 posti in conto di [illegible] 133 [illegible] n° 58 — fl. 2 · 17 · 4

Addì 6 di dicembre 1542 abbattesi fl. 7 · 2 posti [illegible] 464 [illegible] n° 81 — fl. 7 · 2

Addì [illegible] fl. 23 · 16 · 1 al [illegible] Simone [illegible] detto 468 [illegible] — 31 · 3 · 5 — fl. 23 · 16 · 1

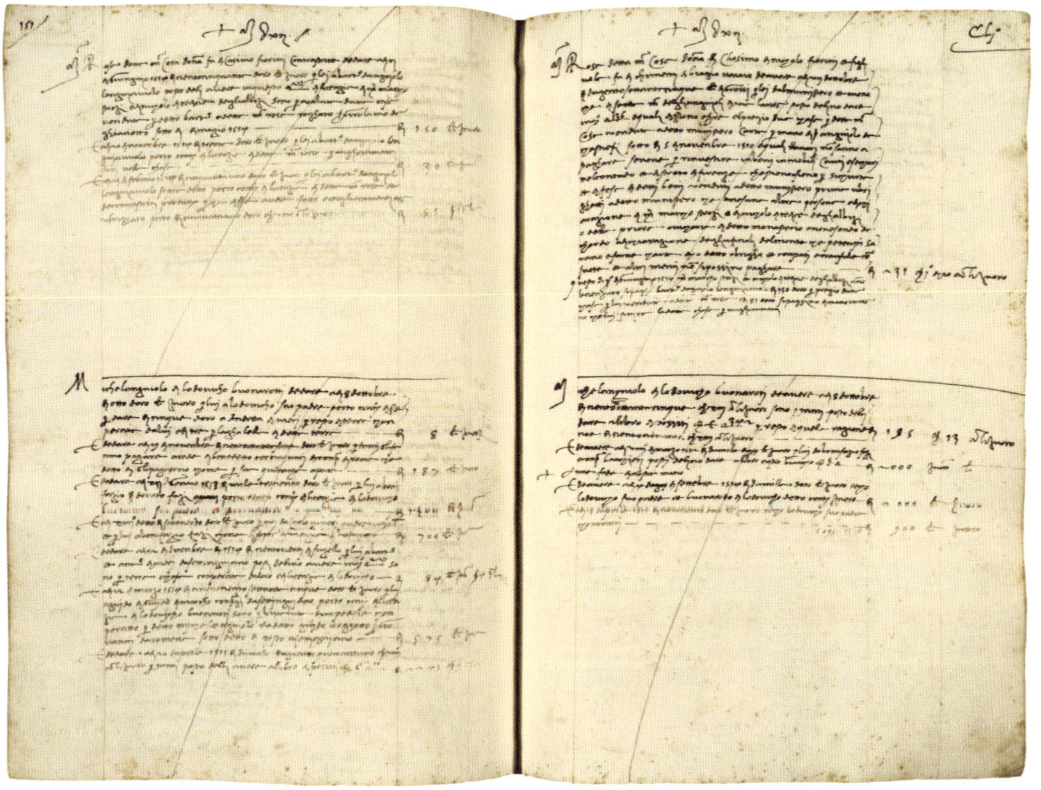

（左页）**米开朗基罗于1534年名下财产名录，**佛罗伦萨国家档案馆。

（本页）米开朗基罗的收入，那时艺术家还未满30岁，图中显示的是**他在新圣母玛利亚医院银行的账户，**1513—1515年，佛罗伦萨国家档案馆。

（左页）帕西尼亚诺（Passignano），**米开朗基罗向教皇保罗四世展示圣彼得的模型**，1618—1619年，佛罗伦萨米开朗基罗故居博物馆。
（本页）巴托罗密欧·帕萨洛蒂（Bartolomeo Passarotti），**米开朗基罗在解剖课上**，素描，38.5厘米×49.8厘米，巴黎卢浮宫。

塞巴斯蒂安·德·皮翁伯，**米开朗基罗与解剖笔记**，约1520—1525年，私人收藏。

（右页）提香，**路德维科·贝卡德里主教的肖像**，1552年，佛罗伦萨乌菲齐美术馆。

塞巴斯蒂安·德·皮翁伯(Sebastiano del Piombo),**女子肖像**(画中女子或许为维多利亚·科隆那),约1520年,木板油画,96厘米×73厘米,巴塞罗那加泰罗尼亚国家艺术博物馆。

克里斯多法诺·德·阿尔迪西莫（Cnstofano dell´Altissimo），**维多利亚·科隆那的肖像**，1552—1568年，60厘米×45厘米，佛罗伦萨乌菲齐美术馆。

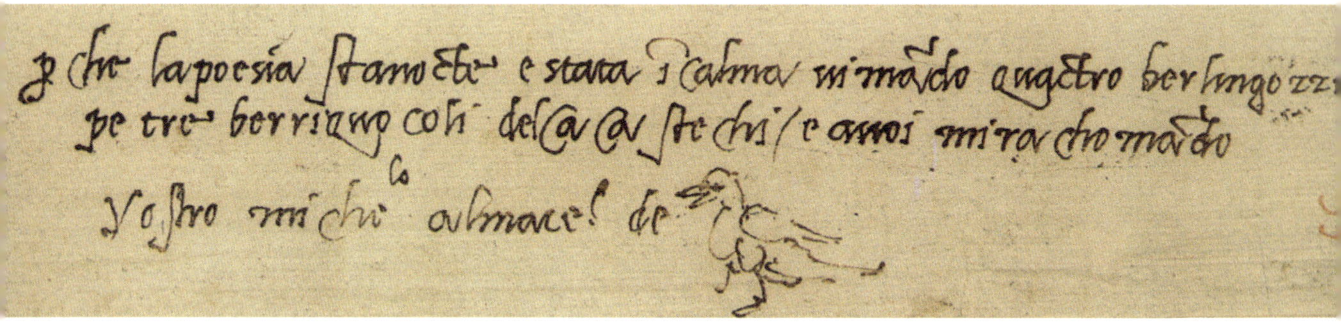

米开朗基罗的笔记以及乌鸦的素描，选自1554年，米开朗基罗在他罗马的居所“乌鸦屠场”致路易吉·德·里奇奥（Luigi del Riccio）的信，佛罗伦萨米开朗基罗故居博物馆。

跋一 “我，米开朗基罗”

达·芬奇在《论绘画》的第一章中提及了绘画与雕塑的关系。他认为雕塑的地位要低于绘画，它要求的技巧与智慧要比绘画少，甚至，他认为雕塑只能算是一项机械的手艺。雕塑家更像是一个计时工，浑身都是大理石粉末，而画家则更为优越一些，他可以安坐在画架前，像一位绅士那样地工作。

针对达·芬奇的说法，米开朗基罗反驳道，雕塑较之绘画，是在“实践中有更大的困难，从而要求更为严格、局限性更强的艰苦工作。绘画只是对雕塑的反映，二者之间的差别就像是月亮和太阳的关系一般。从比例和整体关系来看，如果一幅画作接近雕塑，那么这幅画作是完美的；如果雕塑接近绘画的效果，那么便是糟糕的、失败的”。

米开朗基罗一生都自诩为雕塑家，尽管如此，大理石的光辉还是无法掩盖他在油彩上的天分。他的大多数作品都体现着人体的雕塑美，通过人体的外在美来表现人物内蕴的精神与理性之美。他笔下的大多数人物的面庞都带有一种类似古希腊风格的、较为平静的表情，与处于动态中的人体形成一种和谐的对照，同时使作品实现完美的动与静、力与美的统一。他的艺术不同于达·芬奇的艺术，后者充满科学的精神与哲理的思辨，而米开朗基罗则更倾向于在艺术中倾注自己悲剧性的深沉激情。

圣母子同样是米开朗基罗漫长的创作生涯中常见的题材，此前已经提及的，是他为多尼家族所创作的《圣家庭》。此外，在1508年之前，他还至少创作过五组圣母子作品，其中包括“皮蒂圆形浮雕”“塔代伊圆形浮雕”以及《布鲁日的圣母子》。

他以金字塔形的构图与精致写实的手法，描绘了“皮蒂圆形浮雕”中温柔美丽的圣母形象。作品中的玛利亚端庄淑静，神情略带喜悦，平静地看着远方。她的头饰与衣物，尤其是腿部的衣褶都极为生动。她的左手搂着耶稣，右手拿着一本摊开的书。耶稣依偎在母亲的怀里，他的右手撑着脑袋，正看着母亲腿上的书。而小圣约翰靠在圣母的右肩，双眼注视着圣母，又似乎是在与耶稣捉迷藏。

在“塔代伊圆形浮雕”中，米开朗基罗创造了更为年轻圣洁的圣母形象，她正以优雅的动作抱着耶稣，耶稣正回头张望，似乎是刚扑到母亲的怀里，动作十分形象生动。在浮雕的左侧，圣母伸出右手，扶着站立的小圣约翰。三人的互动通过圣母双手的动作巧妙实现，整个画面生动而充满亲情，一方面是细腻而神圣的主题，而另一方面，则是充满世俗之

爱的温情流露。

在文艺复兴初期，艺术家们试图在作品中恢复古代艺术中的完美与和谐。他们建立各种准则以期达到古代艺术的高度。阿尔贝蒂(Leon Battista Alberti)曾经指出，“人们必须首先使各个部分构成完美的整体，而且，如果尺寸、比例、颜色等诸因素协调相称并形成一种统一的美，那么这种完美的整体就会自然形成”。在这种创作原则的指导下，艺术家们观察自然时，就要恪守透视原则，深入研习解剖学。各种心理、生理的运动法则，甚至是观相术。他们相信这些规则是先验有效的，至少也是可以凭经验论证的。

在米开朗基罗看来，艺术家的观察能力、技巧方法是必不可少的，而对美的理念的崇敬则是根本的，它决定了完美艺术品得以产生的内在根源。在他所有的作品中，我们感受到的，是在追求崇高的精神美的同时所反映出来的形而上学的内涵。他早期的作品多为佛罗伦萨的优美均衡风格，但在后来的作品中，则越来越倾向于追求自由精神的象征主义。与文艺复兴早期的艺术家们强调外在比例与和谐不同的是，他还抓住了现象的外部特征，以来自上帝的形而上的美的理式进行雕刻。他通过人体的运动，表现出人内在的生命力，以变形的人体，表现人物内在的力量里那种孤独、自省与悲天悯人的情感，尤其是饱含深意的《昼》《夜》《晨》《暮》中拉长着和拼命扭曲着的比例关系。在以后的样式主义画家如彭多尔莫等人的作品中，我们看到了后人对这种扭曲形式的借鉴。

米开朗基罗与达·芬奇、拉斐尔一道，树立一种完美的典范，与他们同时代的艺术家和后世追随他们的艺术家都是幸运的。沃尔夫林在《古典艺术：意大利文艺复兴导论》中称：“没有一个伟大的艺术家能像米开朗基罗那样，从他最早的时候起就对与他接近的同时代人产生了如此深远的影响。他的艺术生命比他漫长的生命久远得多，而他的长寿又使他与同时代艺术家相比，更为直接地影响了后人——他一刻不停，而且好像是在生命的后半期才将所有才华尽数释放，达到了艺术生命的顶点。从那时候起，中部意大利只知道一种艺术，在米开朗基罗的新发现面前，拉斐尔和达·芬奇被完全遗忘了。”

（左页）**圣母子与小圣约翰**，约1500年，木板油画，80.5厘米×63.5厘米，私人收藏。艺术评论家亚历山德罗·帕隆齐在其1981年出版的《米开朗基罗青年时期的作品》一书中认为，这幅一直被认为是格拉纳齐作品的油画中，有米开朗基罗早期创作的影子。

红外线下显示的**圣母子与小圣约翰**的颜色，该研究由马乌里奇奥·塞拉奇尼（Maurizio Seracini）博士领衔。

（上图）**上帝创造亚当**，局部，1508—1512年，西斯廷穹顶壁画，罗马，梵蒂冈博物馆。
（下图）艾蒂安·德龙（Etienne Delaune），**丽达**（根据米开朗基罗原作创作），约1545年，雕刻，佛罗伦萨乌菲齐美术馆，美术馆绘画与印刷品收藏室 。

彭多尔莫（Pontormo）作品，**维纳斯和爱神**，根据米开朗基罗的草图创作，约1533年，布面油画，佛罗伦萨美术学院美术馆。

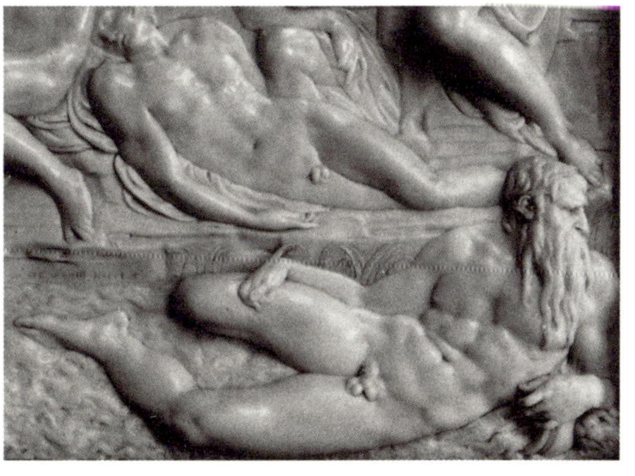

（左上图）**维纳斯与丘比特的草图**（？），约1532年（？），伦敦大英博物馆，编号1859-6-25-553。

（左下图）拉斐尔，**基督复活**，约1513年，牛津大学阿什莫尔博物馆。

（右上图）马可安东尼奥·拉伊蒙蒂（Marcantonio Raimondi），**帕里斯的审判**（Il Giudizio di Paride），根据拉斐尔《将艾略多罗驱逐出圣殿》和《基督复活》两幅作品的创意创作的版画，约1515—1520年，版画。

（右下图）皮耶里诺·达·芬奇（Pierino Da Vinci），**乌戈里诺伯爵之死**，约1548年，牛津大学阿什莫尔博物馆。

（上图）**维纳斯与丘比特**，约1532年—1540年（？），127.7厘米×183.3厘米，那不勒斯卡波迪蒙特国家美术馆（Galleria Nazionale di Capodimonte）。

（右页）**大理石圆形浮雕**，直径36厘米，最厚处约7厘米，私人收藏，在詹姆斯·贝克（J.Beck）于1999年出版的《米开朗基罗的三重世界》（*The Three Worlds of Michelangelo*）一书中，被认为有可能是米开朗基罗于1545年前后的自塑雕像。奥莱里奥·阿门多拉（Aurelio Amendola）摄影，版权所有。

大理石圆形浮雕，局部。

浮雕背面可见毁坏和古代修复的痕迹。

詹姆士·贝克（James Beck）于1999年出版的图片。

（上图）萨维利奥·皮斯托雷西（Saverio Pistolesi）根据皮耶里诺·达·芬奇的浅浮雕作品**科西莫一世重建比萨**（先前被认为是米开朗基罗的作品）所创作的版画，图中表现科西莫一世（科西莫·德·美第奇）将所有恶行赶出比萨城。约1847年，藏于达·芬奇理想博物馆。

（下图）朱力亚诺·特拉巴雷西（Giuliano Traballesi，1727—1812）所临摹的卡尔洛·法乌奇（Carlo Faucci）版画作品，**乌戈里诺伯爵之死**。该版画根据皮耶里诺·达·芬奇浮雕作品创作。原浮雕作品之前被认为出自米开朗基罗之手。藏于达·芬奇理想博物馆。

（左页及本页）**维纳斯与爱神**，大理石雕塑，约43.5厘米 × 58厘米。被认为是米开朗基罗的作品，1500—1505年（？），佛罗伦萨美第奇·里卡迪宫。

（左页及本页）**维纳斯与爱神**，浮雕，局部，大理石，约43.5厘米×58厘米。被认为是米开朗基罗的作品，1500—1505年（？），佛罗伦萨美第奇·里卡迪宫。

（左图）**布鲁日的圣母子**，局部，1503—1505年，大理石雕塑，高96厘米，比利时布鲁日圣母玛利亚教堂。

（右图）**圣母子与小圣约翰**（皮蒂圆形浮雕，Tondo Pitti），局部，约1503—1505年，大理石雕塑，85.5厘米×82厘米，佛罗伦萨巴杰罗国家博物馆。

（左图）**圣母子与圣约翰**（塔代伊圆形浮雕，Tondo Taddei），局部，约1504—1506年，大理石雕塑，直径约109厘米，伦敦皇家美术学院。

（右图）**圣家庭**（Tondo Doni），局部，约1507年，木板油画，直径约120厘米，佛罗伦萨乌菲齐美术馆。

皮耶里诺·达·芬奇作品，**卢卡·马尔蒂尼侧面像**，卡拉拉出产的白色大理石雕塑，约51厘米（高）×35厘米×10厘米，私人收藏。

（左图）**朗弗兰基宫的磨刀人**（Arrotino Lanfranchi）的背面。
（右图）**朗弗兰基宫的磨刀人**，以高尔弗里那（Golfolina）一地出产的砂岩石进行雕刻，111厘米（高）×61厘米×108厘米，私人收藏。值得注意的是，该作品左右脚以及底部的比例均不正确。在1751年时该雕塑被认为出自米开朗基罗之手，我们认为这可能是米开朗基罗的习作或其画室的作品。

（左页）**朗弗兰基宫的磨刀人**（Arrotino Lanfranchi）的细节。
（上图）米开朗基罗画室作品，或为其本人习作，**某处喷泉的面具**，大理石雕塑，16世纪作品，未曾面世，私人收藏。

（下图）**磨刀人**，大理石，公元前1世纪古代雕塑的复制品，佛罗伦萨乌菲齐美术馆，编号230。

庞贝·莱奥尼钱币上的米开朗基罗肖像（正面），
达·芬奇理想博物馆。

庞贝·莱奥尼钱币上的米开朗基罗肖像（背面），
达·芬奇理想博物馆。

Tempora Romano spectet ab axe dies.
Affer opem, trepidoq́; manum protende natanti:
Huc ades ô uotis pro pietate tua.
Per te fulgentes liceat mihi tangere ramos,
Carpere & extenta lucida poma manu.
Tunc ego non aurum referam, sed carmina Vates:
Tunc Pius, & uerè tu mihi Carpus eris.

IN AGELLVM RODVLFI Pij Carpi Card.

DVlcis ager, dulci florens uiticula Baccho,
Sed mage de Domini nomine grata tui:
Vos Liber, uos flaua Ceres despectat ab alto,
Et Pomona sua pulchra coronat ope.
Pegasidas, Phœbumq́; simul, Nymphasq́; sorores,
Credibile est docta uos coluisse manu:
Et riguos duxisse nouo de fonte liquores,
Sæpe etiam iunctis concelebrasse choris.
Vos dulcis Rodulfus habet: cui purpura crines
Integit, & sacram donat Apollo lyram.
Tempus erit, quum uos Domini sub numine læta
Roma colat magnis maxima muneribus.

IN BERNARDINVM Mafæum Card.

PVrpurea spectande toga, spectande galero,
Et Vaticani maxima cura Iouis:
Musarum

Musarum te docta cohors, te doctus Apollo,
Aoniumq́; sibi uendicat omne nemus.
Te uirtus, te cana fides se iactat alumno,
Et gaudet titulis Roma superba tuis.
Terrarum princeps per tanta negotia Iulus,
Assiduum sancto detinet officio:
Et maiora tuæ spondent tibi præmia uitæ,
O` decus, ô patriæ cura Masæe tuæ.

IN LOISIVM CORNELIVM Cardinalem.

COrneli Pater, Adriacis quẽ magnus in oris
Edidit, & Veneta clarus in urbe pater,
Purpureos iam Roma tibi largitur honores,
Ornat & in toto Maximus orbe pater.
Et tibi littoreis resonat uagus Adria syluis,
Et tibi cœlestes Albula fundit aquas:
Nimirum maiora parant cui munera Diui,
Aurea cui uoluunt iam noua pensa Deæ.

IN MICHAELEM ANGELVM Bonarotium.

QVæ linguæ, quæ'ue ora tuum clarissime terris,
Quæ'ue manus, uel quæ charta loquatur opus?
Spirantes seu fortè uelis de marmore uultus
Fingere, seu docta molliter æra manu:
Seu

Seu uario distincta refers noua signa colore,
Siue oculos pictis fallis imaginibus:
Praxitelis tibi signa boni, tibi signa Myronis,
Cedat Apellea Cypria picta manu.
Te cœlum, te terra nouis expressa figuris,
Perpetuum tollent, perpetuumq́; canent.

IN SENATOREM ROM.

VIr Iouis ipse locũ magni tenet: inclyta cõiux
Iunonis speciem, & sceptra superba gerit.
Dignus uterq; loco Capitoli: dignus uterq;
Et cœlo ac terris proximus esse Ioui.
Hos celebrat, poscitq́; sibi pulcherrima Roma,
Tybris & elato spectat ab amne Pater.

IN GENTILEM DELPHINVM.

SVpposito quondam seruauit Ariona dorso,
Et charam Delphin pertulit in patriam:
Tu nunc clara tuæ monimenta abscondita Romæ
Pandis, & è uastis eruis aggeribus:
Et quæcunq; situs, quæcunq; annosa uetustas
Obruit, insolita tollis ad astra uia.
Vt meritò Delphine queam tibi dicere: Debes
Quàm Patria, tantum patria Roma tibi.
IN

IN EVNDEM.

DVm pulchros populi fasces, rigidasq́; secu-
Lustraq́; sub priscis cõdita Cõsulibus, (res,
Censoresq́; grauis, Romanorumq́; triumphos,
Sacraq́; Tarpeio parta trophæa Ioui,
Colligis, & patris spectanda in rupe Feretri
Erigis, & patriæ consulis historiæ:
Per te iterum Delphine suas tua Roma secures
Spectat, & inuicta regna subacta manu:
Teq́; Patrem patriæ alma suum iam Roma salutat,
Et tua uictrici tempora fronde tegit.

IN ROMAM, ET C. IVLIVM Cæsarem.

PRospice quà residet tellus, quaq́; alluit æquor,
Quaq́; cadit Titan, quaq́; resurgit aquis:
Sub Boream cõuerte oculos, cõuerte sub Austrum:
Terra nihil, dices, clarius Vrbe tenes.
Suspice septenos colles, tecta inclyta Romæ,
Totq́; uirûm titulos, tot monimenta Ducum:
Inter mille tibi partos regina triumphos
Roma nihil, dices, Cæsare maius habes.

IN M. T. CICERONEM.

Quis te magne parẽs patriæ, quis gloria fandi
Explicet? aut scriptis æquiparare queat?
Viuis

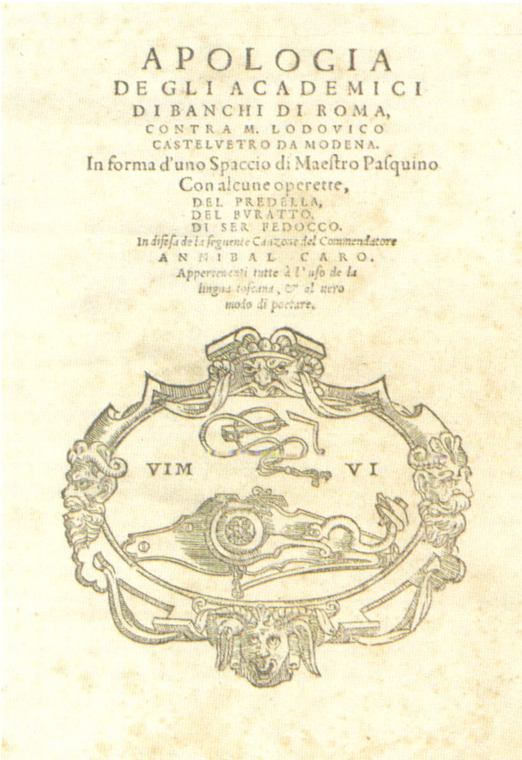

APOLOGIA
DE GLI ACADEMICI
DI BANCHI DI ROMA,
CONTRA M. LODOVICO
CASTELVETRO DA MODENA.
In forma d'uno Spaccio di Maestro Pasquino
Con alcune operette,
DEL PREDELLA,
DEL BVRATTO,
DI SER FEDOCCO.
In difesa de la seguente Canzone del Commendatore
ANNIBAL CARO.
Appertenenti tutte à l'uso de la
lingua toscana, & al vero
modo di poetare.

（左页）巴西利奥·赞奇（Basilio Zanchi），**致献米开朗基罗的诗**。佩德雷蒂基金会，洛杉矶。

（本页）汉尼拔·卡罗（Annibal Caro），**罗马学人颂**（Apologia degli Academici di Banchi di Roma），1558年，扉页。佩德雷蒂基金会，洛杉矶。

跋二　艺术与超越艺术

米开朗基罗的一生深受新柏拉图主义的影响，在雕刻、绘画、诗歌的创作中，他都以追求理想世界的完美为己任。在新柏拉图主义者看来，原初的美产生理智，而灵魂由理智产生，其后下降到肉体上。灵魂具有中间属性，它从理智——上帝——那里获得了完美的属性，它感知美，并管理着肉体。但是当灵魂分散在肉体之中时，肉体便成为了束缚灵魂的桎梏与牢笼，使灵魂不得片刻的自由。因此，灵魂无时不在挣扎与矛盾中，它让肉体听命于自己，又要避免为肉体所限制，要守住自己的本质，唯有通过沉思与默想，方能得到净化，从而洞见自己的创造者——上帝。

在米开朗基罗看来，自然感性的美就是上帝之美的体现，任何对自然感性的美的歌颂也就是对上帝美的热爱，然而，艺术不能仅仅局限于对自然万物的美的模仿或再现，因为如果不再现理性之美，艺术就没有意义，也只有通过理性之美，自然的美才能得到升华。雕刻便是对来自天国的艺术的模仿，“雕刻，我们最早诞生的艺术，提供了最深刻的欢乐，用黏土、石蜡、大理石展现的脸孔

（左页）奥古斯特·罗丹（Franois-Auguste-René Rodin），**地狱之门**，1880—1917年。

（本页）威廉·布莱克（William Blake），**米开朗基罗在斗兽场前**，1801年。

约翰·海因里希·佛谢利（Johann Heinrich Fussli），
罪过之后是死亡，1794—1796年。

尼古拉·蒙迪（Niccola Monti），**米开朗基罗停下《摩西》的创作进行思考**，1838年。

罗贝尔托·乔瓦内利（Roberto Giovannelli）作品，画中的尼古拉·蒙迪在画创作中的罗贝尔托·乔瓦内利，后者在画中正在进行**米开朗基罗停下《摩西》的创作进行思考**的创作，2011年。

亨利·马蒂斯，一天，1922年。

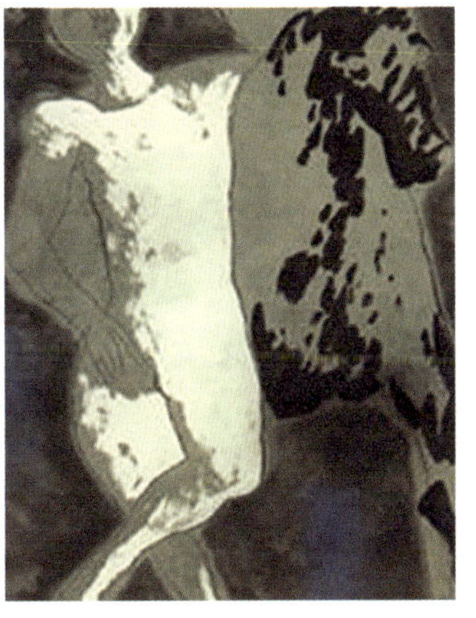

（上图从左至右）
阿尔伯特·萨维尼奥（Alberto Savinio），**俄瑞斯忒斯和彼拉得**。
阿尔伯特·贾科美蒂（Alberto Giacometti），**阿尔巴**，习作，1935—1937年。
马里诺·马里尼（Marino Marini），**向米开朗基罗致敬**，1975年。

亨利·摩尔（Henry Moore），**平卧的人体**，习作，1975年。

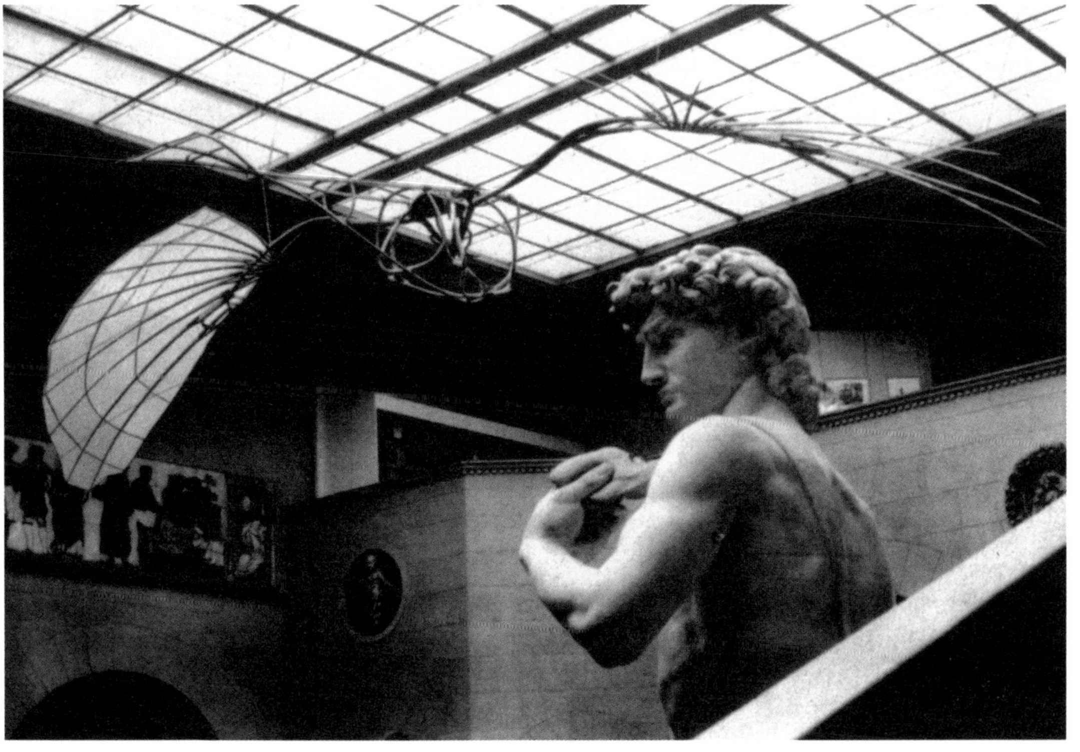

弗拉基米尔·塔特林（Vladimir Tatlin），**大卫像**，
1930年。

与四肢，比眼睛看到的青春男女更加生气勃勃。……我凿刻雕像，而她是来自天国自身的艺术，在我和所有人眼中，都是非凡而神圣的。她的美活在天国！我相信，雕刻与绘画都不能复活她的美丽，你的记忆中珍藏着她的形象，比我的艺术更加神圣，永葆魅力”。

尽管如此，在极致美的光辉的照耀下，雕刻却仍然首先是物质的。米开朗基罗不愿意灵魂始终沉浸于这种美，在他看来，这种痴迷无疑会使自己远离上帝。在他晚年的诗歌中，充满了这种矛盾与痛苦，“曾经抱着愚痴的幻象，醉心于艺术，如同崇拜伟大的君王，好在现在我已经明了，那不过都是谎言！悲哀的是，人们却视之为真实”。他认为，只有冲破了物质的束缚，才能实现灵魂的不朽，在面对情感与灵魂时，雕塑家也不免感到挣扎，“当我痴信爱情意味着幸福时，我的理智哀叹，忧伤，依从它，我将失去生命；抗拒它，我同样也会死去。我如何才能在两个死亡之间抉择，对一个吝啬，另一个又超越我的理解。困惑在两者之间，是灵与肉的双重死亡”。这两个死亡，一个是由于抵御爱的诱惑而导致的感情生命的死亡，另一个则是屈从于爱的诱惑而导致的不朽灵魂的死亡。死亡，或者双重死亡，是贯穿在他的诗篇中的一个常见命题，“为年轮所重压，为罪孽所放纵，失去控制的恶习根深蒂固，我看到双重的死亡逼近，肉体的或灵魂的，却依旧用毒药在喂饲我的心。……什么都不能使我的死亡延迟到来，我只有死去，在烈火中将肉体抛弃。尘世中没有力量，只有死亡”。晚年的米开朗基罗已经不能从艺术中得到灵魂的满足了，他曾经亲手撕毁自己的作品，也留下了许多未完成的作品，他在诗中表示：

绘画与雕塑已经无法再安抚我的灵魂，
我的灵魂专注着十字架上爱的神祇，
展开双臂，把我们拥抱得更紧。

在米开朗基罗的诗中，多次提到了灵魂的冲突。“心是硫磺，肉是火种，骨头是引火物。在这一切之上，灵魂漫无方向，在这一切之上，它失去控制，渴望每一个冲动，每一件美好的事物。”“灵魂可以自由地追逐精神，肉体却不能。”灵魂和肉体成为了米开朗基罗用以表现美、歌颂美的形式。在柏拉图主义者看来，世间万物，越是完美，则越是接近上帝。通过世间的物质，艺术家洞见了天堂的美，因此米开朗基罗崇拜“完美的形体”，他用文字歌颂它们，在绘画和雕塑中再现它们，特别是在他的晚年，他越来越关注灵魂向精神的升华，创作了大量象征灵魂努力冲出肉体束缚的作品。

在结束他的雕塑艺术、绘画艺术与诗歌的巡礼之后，我们不妨这么说，米开朗基罗一生所追求的，不仅仅是艺术本身的美，他更追求灵魂的自由。据说当拉斐尔看到西斯廷穹顶的壁画后，他说，“我生于一个米开朗基罗的时代，这是幸运的”。年轻的画家这么说并不是在赞扬那个时代，而是在赞叹造就了那个时代的米开朗基罗。这个名字意为“天使长”的画家，带着圣徒般的宗教激情，将漫长的一生献给了艺术，大卫是他理想中的自我，而在充满痛苦与挣扎的现实中，他却如一个被束缚的奴隶，毕生都在追求二者的结合——这是一个人痛苦的根源，却是艺术灵感喷薄的源泉。

（上图）奥斯卡·科克什卡（Oskar Kokoschka），米开朗基罗的作品**囚徒之一的临摹**，1957年。
（下图）萨尔瓦多·达利，**西斯廷穹顶的亚当**，1982年。

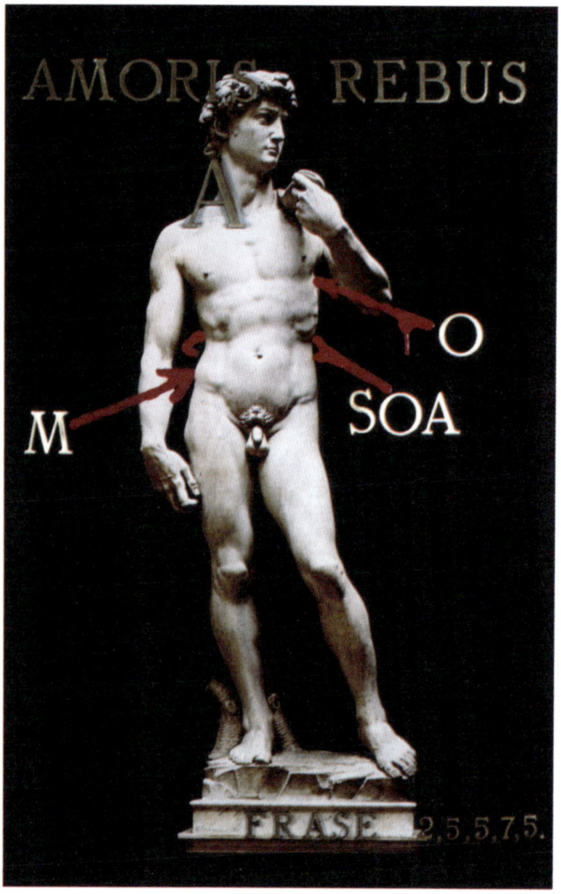

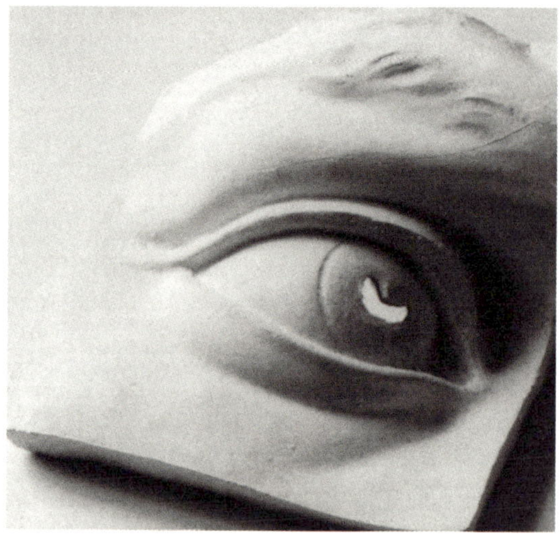

（左图）艾乌杰尼奥·米奇尼（Eugenio Miccini），**大卫**，1994年。
（右上图）希尔瓦诺·布索迪（Sylvano Bussotti），**洛伦佐**，1972年。
（右下图）朱利奥·帕乌里尼（Giulio Paolini），**挽歌**，1969年。

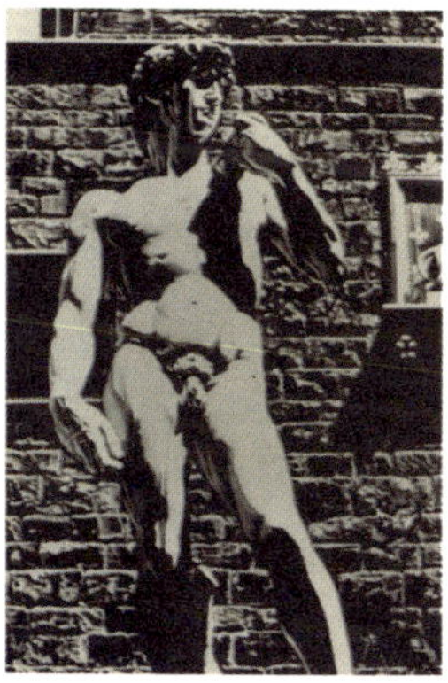

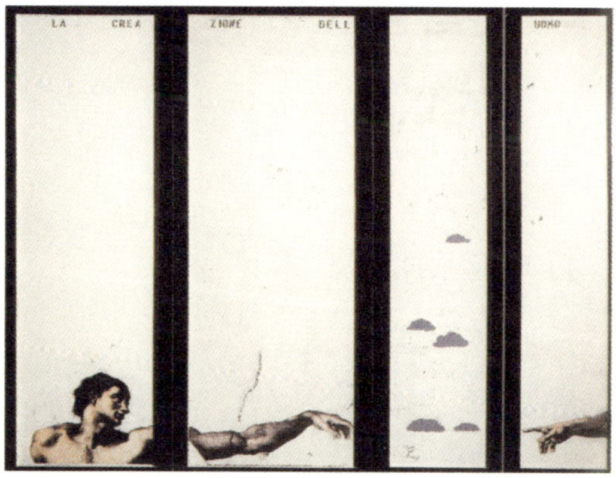

（由上至下顺时针方向依次为）
奥德莉·弗拉克（Audrey Flack），**大卫**，1971年。
卢卡·萨马拉斯（Luca Samaras），**自动宝丽来**（*Autopolaroid*），1970年。
克里斯·布朗(Chris Brown)，**我的名字是佩克斯**（*Il mio nome e' Pecos*），1978年。
塔诺·菲斯塔（Tano Festa），**上帝创造人类**，1964年。
克劳迪奥·帕尔米基亚尼（Claudio Parmiggiani），**夜**，1965年。

塔诺·菲斯塔（Tano Festa），**塔诺·菲斯塔眼中的米开朗基罗**，1967年。

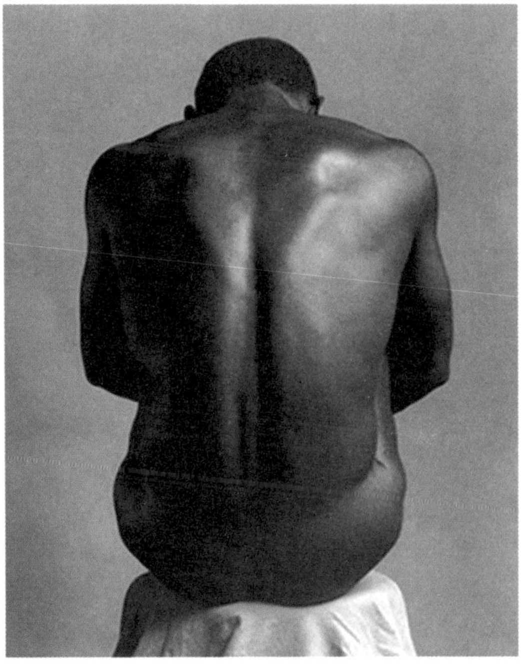

（上图）罗伯特·梅普勒索普（Robert Mapplethorpe），**阿基托**（Ajitto），正面与背面， 1981年，佛罗伦萨美术学院美术馆，“完美造型”画展，2009年。
（下图）罗伯特·梅普勒索普，**丽莎·李昂**（Lisa Lyon），1983年。

（左上图）米开朗基罗·皮斯多莱托（Michelangelo Pistoletto），**接触**，1962—2007年。
（右下图）路易吉·翁塔尼（Luigi Ontani），**理想的大卫**，1969年，博洛尼亚。

（上图）塞克玛·耶斯特（Txema Yeste）摄影作品，**帕洛玛·毕加索，**2009年。
（下图）罗伯特·莫里斯（Robert Moris），**生日快乐男孩，**2003—2004年。

（上图）杰里·伦敦执导的电影《最后的巨人——米开朗基罗》剧照，1990年。
（下图）凯斯·哈林 （Keith Haring）工作室中大卫的习作，1984年。

罗贝尔托·巴尔尼（Roberto Barni），**即将站起身来的少年**，1987年。

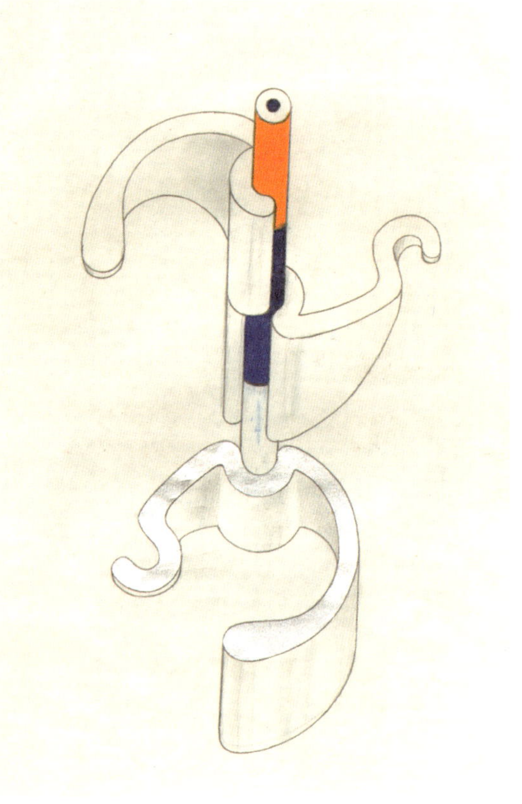

（左图）中国雕塑家杨茂源作品，**米开朗基罗的头部**，2006—2009年。

（右图）弗朗科·福西（Franco Fossi），**米开朗基罗式的工具颊板**，1987年。

比尔·维奥拉（Bill Viola）2002年执导电影《**紧急情况**》（*Emergence*）**剧照**，画面为佛罗伦萨美术学院美术馆。

奥马尔·加利亚尼(Omar Galliani)，**从画纸的嘴巴和颈部**(Dalla bocca e dal collo del foglio)，1980年。

帕特里奇奥·特拉瓦依(Patrizio Travagli),**男童(自画像)**,2008年。

马尔科·巴尼沃利(Marco　Bagnoli),弓箭手的形象,1993年。

米开朗基罗·安东尼奥尼（Michelangelo Antonioni）执导作品《米开朗基罗的目光》剧照，2004年。

杨·法布雷(Jan Fabre), **圣母哀悼基督**, 局部,
2011年。

（上图与下图）**大卫——美的力量**，塞尔乔·里萨里迪（Sergio Risaliti）创意，佛罗伦萨艺术协会创作，2010年。

汉斯-彼得·费尔德曼（Hans-Peter Feldmann），
大卫，位于德国科隆，2006年。

巴里·X·博尔（Barry X Ball），**隆达尼尼的圣母哀悼基督**，创作中，2011年。

曼切斯特的圣母，约1497年，木板胶画，104.5厘米×77厘米，伦敦大英博物馆。

尤里乌斯二世的陵墓与摩西坐像（修复后），
1513—1545年，枷锁中的圣彼得教堂（San Pietro in Vincoli），罗马。

圣安东尼奥的诱惑（近年来根据马丁·施恩告尔的雕塑作品判断，该作品被认为是米开朗基罗所作），约1489年，木板油画，47厘米×35厘米，金贝尔艺术博物馆。

（右页）**梵蒂冈圣彼得大教堂穹顶**，1546年后建成。

致　谢

感谢以下机构和个人为本书的出版提供图片：

阿利纳里档案馆、梵蒂冈博物馆摄影档案馆、佛罗伦萨国家档案馆、佛罗伦萨斯卡拉图片档案馆、佛罗伦萨米开朗基罗故居博物馆、库珀·休伊特(*Cooper-Hewitt*)国立设计博物馆、乌菲齐美术馆绘画与印刷品陈列室、阿贝尔蒂娜博物馆形象艺术收藏馆、肯贝尔艺术博物馆、意大利共和国文化遗产与活动部、卢浮宫素描陈列馆、梵蒂冈博物馆、大都会艺术博物馆、大英博物馆、奥莱里奥·阿门多拉、梵蒂冈使徒图书馆、米开朗基罗故居博物馆、阿拉尔多·德·路加、哈佛艺术博物馆/福格艺术博物馆、达·芬奇理想博物馆、布里奇曼相片馆、布里奇曼艺术图书馆有限公司、佩德雷蒂基金会、大英博物馆信托、美第奇家族洛伦佐图书馆、弗洛伦斯基金会、皮斯多莱托艺术基金会、佛罗伦萨艺术史协会、文艺复兴理想博物馆、巴利·X·Ball工作室、塞尔吉·多明吉、马西莫·米尼尼、多纳托·比奈德、路卡·特拉希内利、比尔·维奥拉工作室以及其他现代艺术领域的艺术家。

感谢以下朋友积极促成原著的问世：

克里斯蒂娜·亚齐迪尼、弗朗切斯卡·阿门多拉、伊利莎贝塔·亚尔齐、安杰利卡·巴尼沃利、康斯坦察·巴尔比耶里、罗伯特·巴尔尼、亚历山德罗·贝利萨里奥、菲力浦·贝蒂、里卡尔多·布拉恰里尼、罗伯特·保罗·齐亚尔迪、亚历山德罗·康菲科尼、伊利莎贝塔·德·米尼契斯、罗萨那·迪·品托、弗兰卡·法雷蒂、乔尔乔与玛利亚·庇亚·嘎巴、尤金·贾尼、罗伯特·乔万尼里、马尔蒂那·吉拉尔迪、奇亚拉·基洛米尼、蒂娜·朱利安尼、弗兰科·古尔佐尼、马西亚斯·汉斯、盖伊·拉德里耶尔、埃莱娜·伦巴尔迪、朱赛皮娜·洛蒂、桑德拉·马尼亚尼、马西莫·麦、安东尼奥·保鲁奇、卡尔洛·帕里、保罗·蓬蒂、大卫·普尼亚那、比娜·拉吉奥尼耶里、雷纳托·拉纳尔迪、塞尔乔·里萨里迪、阿加莎·卢考斯卡、迪沃·萨维利、维拉·希尔瓦尼、安德雷亚·塔巴里尼、马西莫·塔拉西、维多利奥·多卢、维拉·瓦利图多。